Medici Money

Banking Metaphysics, and Art in Fifteenth-Century Florence

［英］蒂姆·帕克斯
（Tim Parks） 著

毕道明 ——— 译

美第奇金融家族

——金钱、艺术与权力

人民邮电出版社

北　京

图书在版编目（CIP）数据

美第奇金融家族：金钱、艺术与权力 /（英）蒂姆·帕克斯（Tim Parks）著；毕道明译. -- 北京：人民邮电出版社，2025. -- ISBN 978-7-115-65865-4

Ⅰ．K835.460.9

中国国家版本馆 CIP 数据核字第 2025S5Q013 号

内 容 提 要

本书介绍了美第奇家族五代人的历史，包括美第奇家族如何创办和经营银行业务，并以此积累了大量财富；天主教会对高利贷的禁令，如何与美第奇家族产生冲突，并推动了美第奇家族对艺术的资助和对文艺复兴的贡献；美第奇家族核心人物科西莫与洛伦佐的详细生平；以及这个家族从崛起到兴盛再到衰落的整个过程。

通过宏大的历史叙事与微观的家族兴衰，本书可以让读者看到银行业乃至金融业的起源和本质，文艺复兴初期的社会景象，以及资本对于权力体系的影响与斗争。

◆　　著　　[英]蒂姆·帕克斯（Tim Parks）
　　　　译　　毕道明
　　责任编辑　于　然
　　责任印制　彭志环

◆人民邮电出版社出版发行　　北京市丰台区成寿寺路 11 号
　邮编 100164　电子邮件 315@ptpress.com.cn
　网址 https://www.ptpress.com.cn
　涿州市般润文化传播有限公司印刷

◆开本：880×1230　1/32
　印张：7.75　　　　　　　　　2025 年 2 月第 1 版
　字数：260 千字　　　　　　　2025 年 9 月河北第 3 次印刷
　　　　著作权合同登记号　图字：01-2023-3332 号

定　价：59.80 元
读者服务热线：（010）81055656　印装质量热线：（010）81055316
反盗版热线：（010）81055315

目　录

1

随借贷而生

Medici Money

*Banking Metaphysics, and Art
in Fifteenth-Century Florence*

> "当高利贷出现,"埃兹拉·庞德(Ezra Pound)写道,
>
> "……没有人再会用上好的石头盖房子,
>
> 把每块石头都切得光滑合适,按照设计拼接在一起。"

庞德所说的"高利贷"(usura)指的就是一般的借贷,即以利息借钱。高利贷一词所暗示的不仅是高得离谱的利息,还包括收取任何利息的借贷行为。他接着说:

> "没有人在教堂的墙上画上天堂的样子……
>
> 没有一幅画作是用来历久弥新或朝夕欣赏的,
>
> 它们是用来出售的,而且出售得很快,
>
> 带着利息,带着违背自然的罪恶。"

20世纪20年代,美国诗人庞德相信——许多人现在仍然这么认为——银行业是罪恶之源。他在诗中使用了意大利语"usura"(高利贷)一词,因为银行的故事正是从意大利开始的。在13世纪和

14世纪，一张信贷之网横跨欧洲，向北延伸至伦敦，向东延伸至君士坦丁堡，向西延伸至巴塞罗那，向南延伸至那不勒斯和塞浦路斯。佛罗伦萨是这张信贷之网的中心。但在同一时期，特别是在随后的一个世纪里，这座位于托斯卡纳地区的城市也孕育出了世界上最优秀的绘画和建筑作品，石块的切割面从未如此光滑，教堂墙壁上的绘画也从未如此精美。特别是在美第奇家族掌控这个城市的时期，这两种现象——现代银行业和无与伦比的艺术——紧密相连，甚至相辅相成。所以庞德似乎搞错了——有了usura（高利贷），才有了文艺复兴。

本书简要回顾了15世纪的美第奇家族的历史——他们的银行业务；他们的政治活动；他们的婚姻、奴隶和情妇；他们经历的阴谋；他们建造的建筑物和赞助的艺术家。这本书试图告诉读者，美第奇家族的故事对今天的我们理解高雅文化与信用卡之间的关系，理解国际金融及其与宗教和政治的关系，大有启发。

这本书所讲的故事很复杂，纵贯五代人。从一开始就牢牢记住重要的名字和日期以及事情的整体发展轨迹，这对理解整个故事至关重要。

美第奇家族的银行成立于1397年，于1494年倒闭。差一点儿就能办百年庆典晚会了。乔瓦尼·迪·比奇·德·美第奇（Giovanni di Bicci de' Medici）是一切的开端。乔瓦尼·迪·比奇生于1360年，他完成了美第奇家族银行最初的扩张，确立了美第奇银行的商业风格。在1429年离开人世之前，他一辈子埋头于账簿，给家族积累了海量财富。他在临终前给他的孩子们郑重地留下遗言："远离公众事务。"

科西莫·迪·乔瓦尼·德·美第奇（Cosimo di Giovanni de's Medici）最终违背了这一遗嘱，这就是为什么他后来被尊称为 Cosimo Pater Patriae，即国父。他生于 1389 年，死于 1464 年，因此，他是本书所讲的五位富豪中最长寿的一位。在经历了短暂的监禁和流放之后，科西莫让美第奇银行实现了最大限度的扩张和盈利，他还果断地进入政坛，几乎管理着整个佛罗伦萨共和国。他是哲学家、建筑师和画家的朋友，是艺术的赞助人和大型公共工程的出资人。在他去世时，美第奇家族在佛罗伦萨的银行已经步入了衰落期，从此开始走下坡路。

皮耶罗·迪·科西莫·德·美第奇（Piero di Cosimo de' Medici）被称为皮耶罗·戈托索（Piero il Gottoso）或痛风病人皮耶罗（Piero the Gouty）。美第奇家族的许多男性成员都患有痛风，这是一种遗传性关节炎，会导致关节疼痛并最终发展成慢性炎症。皮耶罗之所以是美第奇家族里唯一一个被冠以"痛风"绰号的人，主要是因为他没有他父亲活得长，也没有什么值得一提的功绩，所以也就没有什么其他可以让人们记住的声名。然而，皮耶罗的功劳或过错在于，他继承了本不该继承的衣钵，皮耶罗子承父业成了美第奇银行的首脑是理所应当，但没有任何一条法律规定他应当接替科西莫成为佛罗伦萨共和国的领导人。皮耶罗体弱多病、长期卧病在床、脾气暴躁，但他仍比佛罗伦萨共和国里美第奇家族的敌人更加坚毅且更有手腕。皮耶罗出生于 1416 年，从 1464 年到 1469 年，他只掌权了短短 5 年，然后在 1469 年将庞大的家族财产几乎原封不动地交给了长子洛伦佐。

洛伦佐被誉为"伟大的洛伦佐"。他完全背离了远离公众事务的祖训。刚刚 20 岁的他就登上了舆论的风口浪尖，他把"鸡蛋"放在了金融和商业以外的篮子里，致使家族银行陷入了难以挽回的衰败。与父亲和祖父一样，洛伦佐也曾在一次重大的政治阴谋中幸存下来，并展现出高超的政治操纵技巧。与先祖不同的是，洛伦佐向往贵族生活，喜欢写诗（水平不错），并几乎不掩饰其独裁的本性。1492年，43 岁的洛伦佐因痛风而瘫痪，无法去与他那丰满富态的情妇幽会，并最终因为疾病缠身而死去。

皮耶罗·迪·洛伦佐（Piero di Lorenzo）在美第奇家族传奇的五代掌门人中排在最后，被称为"昏庸的皮耶罗"。事实证明，他父亲的艺术成就和贵族气质都不如他曾祖父留下的巨额金钱财富（虽然当时已大幅缩水）那样容易传给后人。出生于 1472 年的皮耶罗只有一项天赋，那就是佛罗伦萨足球，结果就是，他两年的当权时光，不过是对他父亲高明治理方式的蹩脚复刻。1494 年，当法国军队逼近佛罗伦萨时，他逃离了佛罗伦萨，其实他完全没有必要逃跑。他的逃亡导致家族财富被没收，银行倒闭。近十年后，皮耶罗在横渡那不勒斯北部的加里格利亚诺河时溺水身亡，这也再次证实了他的无能，或者他糟糕的运气。

经过这样简单的回顾，轨迹就很清楚了。一百年，五代人——先是在两位最有能力的管理者手中，家族的财富陡然增长，整个家族的影响力也快速扩大，先是经济上的，而后是政治上的；之后是由一个脾气暴躁、卧病在床的中年男人主持的短暂的转折期；然后是财富迅速耗散，但政治地位快速提升的 25 年；再然后是骤然而彻底的崩溃。我们还可以补充一点，尽管性格各异，但本书所介绍的五位美第奇家族成员，除了痛风之外，还有一些共同点——他们都很丑，"伟大的洛伦佐"尤其如此。他们都是狂热的收藏家，藏品包括各种圣物、礼仪盔甲、手稿、珠宝、浮雕。美第奇家族的收藏，带有很强的控制欲和强迫症的色彩，收藏的行为带有强烈的控制、秩序和占有的冲动，与他们在银行业务和艺术领域的行为模式极为相似。

　　说到文艺复兴，我们首先想到的是 15 世纪和 16 世纪早期产生的伟大艺术品和建筑，从布鲁内莱斯基（Brunelleschi）到米开朗基罗（Michelangelo）。主流的观点认为，美第奇家族与这些艺术品和艺术家有千丝万缕的关系。美第奇家族，尤其是科西莫和洛伦佐，生活在欧洲近代史早期的鼎盛时期，在此之前，除了但丁（Danta）、乔托（Giotto）和薄伽丘（Boccaccio）这些具有前瞻性的人物，一切都是黑暗的。因此那段历史非常神秘。然而，从某种意义上说，我们谈论的这些人，尤其是乔瓦尼·迪·比奇和科西莫，他们一定认为自己是紧跟前人的后来者，生活在某些大事件的余波中，而不是黄金时代的开端。

　　复式记账法、汇票、信用证和存款账户……这些创新让意大利人几乎垄断了欧洲金融业。而作为银行家，本书的五位主人公是在这些创新出现之后才登上历史舞台的。美第奇家族在银行业的实际经营中没有发明任何新东西，如果勉强要说有什么创新，他们的母公司和子公司之间的关系可以看作是一种早期的控股形式。此外，美第奇家族的所有成员都非常清楚，美第奇银行是在比自己大得多的银行破产之后兴起的。13 世纪和 14 世纪的巴尔迪银行、佩鲁齐银行积累了美第奇家族永远无法企及的财富。但在 14 世纪 40 年代，这两家银行都因为英格兰的爱德华三世（Edward III）国王赖掉的巨额债务而倒闭。乔瓦尼·迪·比奇与巴尔迪（Bardi）家族的许多人合作过，还雇用了其中的许多人，并让自己的儿子科西莫娶了一位巴尔迪家族的女孩。乔瓦尼·迪·比奇的脑海中肯定会经常浮现出对昔日辉煌的回忆，以及对银行财富如临深渊的感知。

作为佛罗伦萨的市民，美第奇家族是在经历了种种动荡之后才把这个共和国塑造成型的：神圣罗马帝国将注意力转向北方，失去了对迅速分裂的意大利的控制，封建法律逐渐瓦解；在无休止的动荡中，权力从乡村的世袭领主转移到城市的富裕阶层；佛罗伦萨形成了共和宪政国家；在与罗马教皇的战争中，城市政府没收并出售教会财产，直到人民在宗教狂热中被激怒，最终在 1378 年爆发起义。这就是所谓的"羊毛工人起义"（ribellione dei ciompi），当时城市里贫穷的羊毛工人试图赶走商人阶层，就像一个世纪前商人赶走贵族一样。

16 世纪的历史学家弗朗切斯科·吉恰尔迪尼（Francesco Guicciardini）在谈到这次起义时写道："政府中剩下的人大部分是平民而不是贵族，他们以乔治·斯卡利（Giorgio Scali）和托马索·斯特罗齐（Tommaso Strozzi）为首。在三年的统治期间，他们干了不少坏事，比如为了排除政敌，他们在无罪的情况下，砍掉了皮耶罗·迪·菲利波·德利·阿尔比齐（Piero di Filippo degli Albizzi）的头，他曾是佛罗伦萨最有声望的市民；他们还砍掉了多纳托·巴巴多里（Messer Donato Barbadori）的头，以及其他许多无辜者的头，直到最后，如同老套的故事一样，当人们忍无可忍时，他们背弃了乔治·斯卡利，并砍掉了他的头；托马索逃出了城，保住了性命，但他和他的后代，以及最早支持他们的贝内德托·德利·阿尔贝蒂（Benedetto degli Alberti），都被流放了。"

简单地说，佛罗伦萨经历了两次政权更迭，各种"人头滚滚"。吉恰尔迪尼说，"Come è usanza（惯例如此）。"美第奇家族当时最尊贵的家族成员，短暂成为佛罗伦萨政府首脑的西尔维斯特罗·德·美第奇（Silvestro de' Medici）因为站在了羊毛工人一边，在羊毛工人起义失败后，让整个家族名誉扫地。乔瓦尼·迪·比奇当时只有 18 岁，他非常明白自己必须低头保持低调，因为不低头的后果很可能就是被砍头。

但也许最重要的是，美第奇银行是在 1348 年消灭了欧洲三分之一人口的大瘟疫之后建立的。1338 年，佛罗伦萨有 95 000 名居民；1427 年，只剩了 40 000 人，与当时伦敦的人口差不多。薄伽丘写道："每天都有成千上万的人生病……许多人暴死在大街上，由于尸体太多，没有足够的墓地来埋葬他们。"当瘟疫结束时，感觉就好像城市被清空了，大地"卸下了沉重的负担"。无论如何，12 世纪和 13 世纪标志性的贸易繁荣和人口快速增长肯定已经成为过去式。世界还能再次像过去那样充实和繁荣吗？一个漫长的恢复时期开始了，但似乎一切刚刚恢复正常，瘟疫就再次袭来。1363 年，病魔夺走了乔瓦尼·迪·比奇的父亲，那时，那位未来显赫的银行家还只是个蹒跚学步的孩子。1400 年，拉波·马泽伊（Lapo Mazzei）写道："商店的大门常常紧闭，政府办公室空无一人，法官们离开了法官席，法庭上也不见人影。"人们又开始大规模地死去。

但是，法官和政客们当然可以随意旷工，可这对一个年轻的银行职员来说却是不可饶恕的。1420 年，尽管身为美第奇家族的一员，坎比奥·德·安东尼奥·德·美第奇（Cambio d'Antonio de' Medici）还是因为离开佛罗伦萨市中心的出纳岗位去躲避一场瘟疫而被解雇。早在 1402 年，乔瓦尼·迪·比奇就曾是一个艺术评委会的成员，这个评委会负责选定由哪位艺术家设计圣乔瓦尼·巴蒂斯塔教堂（San Giovanni Battista，洗礼堂）大门上的青铜器，这座教堂是佛罗伦萨最古老的教堂，位于市中心的一个广场上，与当时尚未完工的大教堂遥遥相对。这些青铜器是作为贡品委托制作的，以乞求上帝让这座城市免受无休止的瘟疫侵扰。洛伦佐·吉贝尔蒂（Lorenzo Ghiberti）最终胜出，他的作品描绘了亚伯拉罕（Abraham）献祭儿子以撒（Isaac）的场景。

因此，美第奇家族的银行家们生活在非凡的金融创新和巨大的社会动荡之后。吉恰尔迪尼回忆起乔瓦尼·迪·比奇年轻时的岁月，"家族疲惫不堪，只想着休养生息"。不过这时的美第奇家族所处的时代跟后来完全不同。回过头来看，在美第奇家族银行消失前——16 世纪的大动荡前，在很多历史学家看来，科西莫和洛伦佐·德·美第奇（Lorenzo de' Medici）属于一个更加自信的时代，在某些方面甚至是天真的时代。昏庸的皮耶罗刚刚出逃，意大利就先后被法国人和西班牙人攻占，德国人和瑞士人也竭尽全力地插上一脚，使事情变得更加复杂。十几支军队横跨半岛，肆意掠夺的情况屡见不鲜。因此，美第奇银行出现在罗马被洗劫（1527年）之前，那不勒斯（1527—1528年）和佛罗伦萨（1529—1530年）被围攻之前，反宗教改革的残酷和令人窒息的僵化之前的"黄金时代"，在接下来的三百多年里，意大利几乎失去了所有独立性。因此，尽管本书要记述许多战争和间或出现的酷刑、谋杀和腐败、可鄙的操纵选票和逃税行为，但我们还是可以把15世纪的佛罗伦萨，也就是美第奇银行存在的97年，看作从中世纪向现代世界过渡的大动荡时期的一个平静的插曲。在这个时期，借贷和艺术得以并肩繁荣发展。

瘟疫杀人无数，乔瓦尼·迪·比奇的父亲阿韦拉多（即比奇·德·美第奇）立下了遗嘱，归还了他妻子的800金弗罗林嫁妆。在阿韦拉多的五个儿子分家产之前，他们还预留了50里拉皮乔利银币，用于补偿曾经向阿韦拉多借贷的借款人，这是一个惯例。60年前，臭名昭著的帕多瓦高利贷者雷吉纳尔多·德利·斯克罗韦格尼（Reginaldo degli Scrovegni）向借款者归还了一笔数额更大的赔偿金，他的儿子阿里戈（Arrigo）为了替父亲赎放贷之罪，还家族清白，委托乔托为帕多瓦的竞技场小教堂绘制壁画。其中一幅壁画表现的是罪人在地狱中燃烧的场景。从那时起，放贷与艺术之间的边界，开始变得很模糊。

事实上，在他们临终前，放贷似乎不仅是众多罪孽之一，而且还是富人心中最大的罪孽。他们的贪婪、暴食、滥交和穷奢极欲，都远不如放贷这个罪孽令他们担忧，其中的原因或许只是因为放贷不同于其他罪过。根据教会法，放贷者只能通过归还全部非法所得来赎罪。如果放贷者已经把放贷赚的钱花掉了，就很难把罪孽洗清。在那些从未拥有过大笔钱财的人眼中，放贷本身就是一种巨大的罪过。在薄伽丘《十日谈》（*Decameron*）的开篇故事中，两个放贷人非常担心他们的一个即将死去的客户——一个不思忏悔的大罪人——会被教会拒绝下葬。而且由于其放贷者职业被曝光，这俩人也非常担心当地人会把他们俩赶出镇子，甚至动用私刑将他们杀死，在这种情况下，放贷人也将同他们罪大恶极的客户一样，无法得到安葬。1179 年的拉特兰教会理事会拒绝为放贷者举行基督教葬礼，1274 年的里昂教会总理事会再次确认了这一裁决。菲利波·德利·阿加扎里（Fra Filippo degli Agazzari）写道："他们的尸体应该与狗和猫一起埋在沟里。"1478 年在皮亚琴察，一名放贷者在教堂下葬后，暴雨倾盆而至，迷信的乡亲们认为这天灾正是允许这名放贷者下葬导致的，于是他们挖出尸体，将其游街示众，还对尸体进行了模拟绞刑，然后将尸体投入波河之中。

这是为什么呢？为什么今天根本不被认为是罪恶或犯罪的交易会被当时的人认定为如此令人发指的行为？尤其是在其他更恶劣的行为——比如买卖奴隶——根本不被视为犯罪的情况下。难道仅仅是因为圣路加（St. Luke）说过"给予，不求回报"吗？历史书上对这一问题一笔带过，或者只停留在描述那些用极端手段压榨穷人的高利贷者的罪行之上。这根本没法解释放贷为何被视为如此大的罪孽。当科西莫·德·美第奇为修复圣马可修道院而捐款，以换取教皇赦免他所有罪过的诏书时，肯定不是因为他向穷人收取了高额利息，因为科西莫即使在梦中也决不跟信用不佳的人做生意，除非这个人是王子或教皇。

因此，在故事开始之前——也就是在 1397 年秋天，乔瓦尼·迪·比奇与两位合伙人一起在佛罗伦萨的监管机构，即所谓的"汇兑商行会"（Arte di Cambio）注册他的银行之前——我们必须理解他所生活的时代里世界观跟我们完全不同，尤其是在金钱方面，我们要理解当时银行的常规做法与当时道德法律之间的深刻矛盾。

汇兑商行会里的一个佛罗伦萨商人告诉美第奇："你加入（汇兑商）行会是个大错误，以后再没人会把你视为一个诚实的商人。"

哪怕在货币发明之前，贸易的概念就包含一些令人不安的东西，即一种想要的东西总是可以通过交出另一种东西来获得。

大英雄阿喀琉斯（Achilles）曾在他的帐篷里闷闷不乐，拒绝为阿伽门农（Agamemnon）从他那里夺走的女孩开出任何价码，阿喀琉斯说过一句名言："肥羊和黄牛你可以偷；炊具和金鬃马你可以买；但人的生命无法交换，无法偷，也无法买。"

阿喀琉斯说，必须有一个限度，必须有一些神圣的东西不能被"交换的艺术（贸易）"所左右。但即使在他说出这句话两千年后，买卖一个女孩，或用钱减少一个人在炼狱中的时间（指中世纪赎罪券制度），或买一支雇佣军，甚至买一个主教区，或买一件圣物，买一个城镇和城镇里所有的人，仍然是很平常的事。据说一位教皇临终前说他不能接受圣礼，因为"上帝啊，我把它们都卖了！"。

正是在阿伽门农王治下进行的一系列疯狂的交易活动，拉开了史诗《伊利亚特》（Iliad）的序幕。在未来的几个世纪里，国王的头像总是出现在钱币上。君主受命于天，他特许并管理着贸易的行为，也就是他所统治的臣民之间的经济关系。当然，这个过程现在加快了许多，因为货币使我们能够轻易地把货物卖给一个人，积累我们的财富，然后再用这财富从另一个人那里购买别的东西。我们不必再四处寻找那个刚刚好拥有我们想要的东西，同时他想要的东西也正是我们想要交换出去的那个人。尽管如此，只要货币是由贵金属构成的，而贵金属作为商品本身具有价值，那么事情的本质就没有改变。我们挥汗如雨地生产，就像上帝把我们赶出伊甸园时训诫我们必须如此一样；我们以一定重量的金、银或铜出售我们的商品，然后用这些钱或其中的一部分购买别人挥汗如雨生产出来的东西。诚然，也会出现一些反直觉的现象，比如我们现在可以把一壶酒的成本与一份抄写的手稿或一篇祈祷文的成本进行比较。不过整体上，事情还算是井井有条，各归其位。

但借贷改变了一切。有了利息，货币不再是一种简单而稳定的金属商品，它只是碰巧被选为一种交换手段。随着时间的推移，货币会成倍增长，而放贷者无须付出任何辛劳，一切都变得更加灵活。一个人可以借钱，买一台织布机，高价卖掉羊毛，改变自己的生活状态。另一个人可以借钱，买下第一个人的羊毛，运到国外，然后以更高的价格出售，以财富提升他的社会地位。但如果他运气不好或犯了傻，那他就会破产。与此同时，放贷者、银行家却越来越富有。我们甚至无法知道他们到底有多富有，你可以去数一数他的牛羊，量一量他拥有多少土地，但这都毫无意义，因为钱是可以转移和隐藏的，跟实物交易不同，金融交易的收益难以追踪。谁能让他缴纳教会的什一税？谁能让他交纳国王的税金？在追逐利息的过程中，谁能说服他们关注一下自己的灵魂？事情开始变得脱离教会和国王的掌控。

Contro natura（拉丁语：反自然）！教会咆哮着认定放贷是对大自然的冒犯。"上帝会用瘟疫来惩罚放贷人。"圣地的传教士警告说。为了抵御教士口中的瘟疫，佛罗伦萨的商人们花钱购买了一扇昂贵的青铜门来把瘟疫挡在城外，门上展示的是有史以来最奇怪的交易之一：亚伯拉罕献祭以撒（犹太人始祖亚伯拉罕为了感谢上帝的爱，准备用自己儿子以撒的生命作为祭品）。米开朗基罗说，这扇名叫吉贝尔蒂的青铜门是如此美丽，"足以成为天堂之门"。讽刺的是，他是个同性恋者，也是 Contro natura（教会口中的反自然之物）。在但丁描绘的地狱里，同性恋者和放贷者在同一个地方受罚，即第七层地狱的第三道沟（无间沟），他们被插入炙热的沙地，经受着天上降下的无尽的火雨。同性恋者在此地被迫不停地劳作，而放贷者则一动不动地坐在地上，不停地算账。只有他们的手快速而不自然地移动着，就像他们曾经数硬币或写账本一样，而这些东西在坟墓之中没有任何价值。他们的脸被毁容了，他们的眼睛里迸发出悲痛的神情，他们在账本上毁掉了自己的眼睛。正如乔托壁画所描绘的："他扭曲着嘴伸出舌头，就像一头舔鼻子的牛。"

无间沟里的另一种罪人是亵渎者（对上帝和圣徒缺乏敬意的人）。乱喊造物主的名字当然也是反自然的。好玩的是，这三种中世纪的重罪在今天都已经不被认为是罪。

如果你还觉得难以理解，那也很正常。但丁笔下的朝圣诗人也曾要求他的向导维吉尔（Virgil）："回去一点，回到你告诉我放贷冒犯了上帝的仁慈的地方，帮我解释为什么（他们要被罚）。"但丁跟你一样也不能理解放贷的罪恶。维吉尔解释说，"万物运行必须遵从上天的智慧，人类必须遵从上帝的法则，如同学生遵从教师。"简而言之，上帝创造了工作来完善人的本性。不劳而获的放贷者就违反了自然法则，违反了上帝为他选择的生活方式，侮辱了上帝的子民。

因此，至关重要的是，我们必须理解古人这样一种思想，它认为道德准则的基础不是我们同胞的福祉或其他——这里没有提到穷人——而是天道。从那时候的人认为按利率借贷总是有罪的，因为这是反自然的，演化到现代人认为借贷是很正常的，但如果利率过高，导致第三世界国家陷入贫困，则是不公正的，这两者之间的距离可以用来衡量 14 世纪的人与当代人之间的道德差距。尽管如此，即便阿奎那（Aquinas）和但丁的信仰是出于善意的，但教会对借贷的敌意之强烈，让人很难相信神父和教皇在这件事上没有某种迫切的世俗利益。毕竟，在中世纪的世界里，一个人的"劳作"意味着他的社会地位——磨坊主、骑士、屠夫、农民——这在很大程度上从人一出生就已经固定了。拒绝自己的生活地位就等于拒绝固定的社会秩序，而教会在其中投入了相当大的精力，确保这种社会固化，而任何可能带来变化的行为，都可能让教会的世界陷入混乱。

"在我们这个喜欢变化的意大利，"埃内亚·西尔维奥·皮克·科洛米尼［Enea Silvio Piccolomini，后来的教皇庇护二世（Pius II）］写道，"在这里，没有什么是稳固的，没有古老的王朝，仆人很容易成为国王。"当乔瓦尼·迪·比奇于 1360 年出生时，意大利半岛正处于混乱的边缘。基本上，意大利中部和北部的 20 多个小国一直处于革命和政变之中，南面的教皇国和北面的神圣罗马帝国两极对立，无休无止地进行着阴谋和争斗，双方都声称自己是罗马帝国的合法继承者，但又都无法将自己的主张强加于对方。城市宣布独立，雇佣兵冒险家们为自己开辟小王国，然后去找教皇或皇帝买一张羊皮纸来授予其合法性："作为里米尼、克雷莫纳或博洛尼亚的合法领主，我们授予你们统治那里的权利。"当然，这需要一笔钱或一份税收作为回报。没有人把这任命状当回事，尤其是下一个冒险家。

在乡村，贵族的封建权利取决于是否承认神圣罗马帝国皇帝是最终的封建主，因此他们支持皇帝（皇帝派）；在城市，中产阶级试图摆脱贵族的控制，他们倾向于支持教皇（教宗派）。通常情况下，很难分清谁控制了某一块领土或谁有权合法征税，派系林立。在城市中，强大的家族会建造塔楼来抵御其他家族。1200 年，佛罗伦萨大约有 100 座这样的家族防御建筑，许多都超过了 45 米高。即使在今天，佛罗伦萨的面积似乎也不足以容纳这 100 座塔楼。人们在武装营地之间的狭窄街道上穿行。在不同的地点穿过阿诺河，常常意味着从一个家族的领地到另一个家族的领地。武器到处都是，谋杀率高得吓人。在一片混乱之中，在没有任何公认权威的情况下，两个因素变得极其重要：个人魅力和金钱。伟大的历史学家雅各布·布克哈特（Jakob Burckhardt）写道："在这里看不到半点宗教忠诚的痕迹，西欧正统王公所靠的那种合法性荡然无存。个人声望是我们能找到的最接近这种忠诚的方式，才能和算计是晋升的唯一手段。"

但是，没有现金，何谈才能和算计？当传统的社会结构已经崩坏，放贷者、银行家就会变得更加危险、更加强大。这里已经没有什么可以阻碍货币的发展。混乱之中，没有什么比佛罗伦萨的弗罗林金币更坚固可靠了，它上面没有君主的头像，一面是佛罗伦萨的名字，另一面是城市的象征——百合花。由于钱币上没有国王的头像，银行家或多或少得当一回自己的王。他们资助胜者，否则就要被胜者掠夺。他们要么控制财政系统，要么因被征税而破产。不用说，当时的文学作品中充满了对"出身低微却从社会底层中崛起的平民"的抨击。还有比这更冷酷、更邪恶、更骄傲的吗？"不过搞几块红布，"狡黠的科西莫·美第奇说，"你就能拥有自己的贵族。"

这是一首写于 14 世纪上半叶的小诗：

> 金钱让他人前显贵
>
> 金钱让他显得知识渊博
>
> 金钱能掩盖一切罪恶
>
> 金钱能让他买到一切
>
> 金钱能让他享受女人
>
> 金钱能让他的灵魂在天堂
>
> 金钱能让一个无名小卒变成贵族
>
> 金钱能让他的敌人败落
>
> 没有金钱，人就会陷入困境
>
> 因为它能转动世界和命运之轮

如果你愿意，它还能送你上天堂

我认为囤积它的人是明智的

因为金钱比任何美德都更能驱散忧郁

我们能感受到诗人近乎疯狂的热情。有了钱，你可以改变你的社会地位，你可以拥有女人，可以上天堂。我们必须谴责这种谵妄，但实际上我们却在这种谵妄中茁壮成长。这就是西方许多精神活动背后的矛盾。我们热爱金钱，热爱我们想象中的金钱所能做的和买到的东西，与此同时，我们又被一种像阿喀琉斯一样古老的恐惧所困扰：肯定存在着某种超越买卖的价值，某种超越以物易物的东西。哦，但请不要告诉我们，金钱是完全邪恶的，夺走我孩子的瘟疫是上帝对我放贷交易的惩罚。

在所有这些紧张关系的背后，隐藏着一个宗教的难题。这种宗教一开始就呼唤基督徒远离尘世，过着贫穷的生活，同时等待着即将到来的"穷人有福了，因为他们必将承受土地"。但后来，令人困惑的是，"再临"从未到来时，它却成了当权者和富人的宗教，成了完全属于世俗的宗教。除了虚伪，这还能带来什么呢，艺术？

"骆驼穿过针的眼，比财主进神的国还容易。"人人都知道这句话。然而有谁比王子和红衣主教更富有呢？特拉伊尼（Traini）在比萨《最后的审判》（*Last Judgment*）中描绘了衣冠楚楚的商人们在丑陋的恶魔推走被诅咒的富人时惊愕地后退。这些人既想上天堂，又不想停止经商，因为正如人文主义者莱昂·巴蒂斯塔·阿尔贝蒂（Leon Battista Alberti）所解释的那样，穷人永远不可能"轻易获得荣誉和名声"。这就是 14 世纪和 15 世纪银行家的分裂意识，这种矛盾多年来将鼓励他们培养不那么令人不安的，具有非货币价值的东西——哲学、美学和爱情。

我们从税表里能真正认识一个人。因为他们不得不列出自己的收入和财产清单，而妇女们需要记下嫁妆的价值。乔瓦尼·迪·比奇并不是一介草民。美第奇的名字经常出现在记录着城市长官名字的羊皮纸上，他们中的九个人曾经组成了政府。但乔瓦尼并不富有，他和四个兄弟分享了母亲去世时留下的 800 弗罗林。在征税时，乔瓦尼的税款不过 12 枚金币，但他的一个远房表亲却要支付 220 弗罗林金币。维埃里·迪·坎比奥·德·美第奇（Vieri di Cambio de' Medici）经营着一家银行。无论关系多么疏远，家族都倾向于雇用家人。1385 年，乔瓦尼和他的兄长弗朗切斯科各自在结婚时得到了 1 500 弗罗林，乔瓦尼得以南下投资，成为维埃里银行罗马分行的合伙人（事实上是执行合伙人）。关于乔瓦尼的妻子，我们还知道她叫皮卡尔达·布埃里（Piccarda Bueri），为丈夫生了两个儿子科西莫和洛伦佐，但她并没有和乔瓦尼一起住在罗马。

罗马在政治和经济上都很反常。格陵兰人在布鲁日出售鲸骨，然后把钱送到罗马。波兰人把毛皮运到布鲁日出售，然后把钱送到罗马。更确切地说，是送到教廷，即教皇那里。教会要求整个基督教国家缴纳贡品，其他国家只向自己的公民征税，而且往往困难重重，而罗马却从全欧洲征税。红衣主教、主教或修道院院长在接受教职时，必须向罗马缴纳相当于第一年收入的款项。否则，他就无法接受这份利润丰厚的任命。钱从斯堪的纳维亚、冰岛和贫困的苏格兰运来。延迟付款会被逐出教会，不交钱就会下地狱。教皇的信使在宣布一个特殊的大庆时通知佛兰德斯的甘德人，如果在给定时间内，他们来做弥撒并为圣战慷慨解囊，他们将获得一次大赦。直接上天堂，没有炼狱。人们纷纷掏钱，谁会拒绝呢？信使在布鲁日，与意大利银行家一起一个金币一个金币地数钱，帮信使数钱的人总是意大利银行家。有意大利人的地方就有银行，没有意大利人的地方就没有银行。无论如何，钱都会被送到罗马。

人们说，"钱已经寄出去了"，但实际上，这些根据命令支付给罗马教廷的钱，要么是由在国外收到钱的银行的罗马分行付款给教廷，要么是由一家值得信赖的代理银行代付。实际上，带着钱骑马或步行穿越欧洲是很危险的。"小心洪水泛滥的河流，"送信人被警告道，"全副武装，结伴而行。"因此，前往罗马的朝圣者、牧师或唱诗班领唱首先要去离他最近的银行，如伦敦、布鲁日、科隆、阿维尼翁——除了康斯坦丁堡，莱茵河以东没有银行——开具信用证，然后前往罗马，抵达后兑现成金币。在汇率上损失一点儿，还要给银行支付一笔服务费，但路上不会被抢劫。因此，尽管教会谴责许多银行的做法，但它比任何其他组织都更需要并促进国际银行的发展。因为教会是最大的国际经济实体。教皇很难将那些为他收税并使他的宏伟计划得以实现的人打入地狱。

与其他组织相比，教会加剧了平衡欧洲现金流的困难。因为罗马的银行如果不吸收现金，又如何把存入其他地方银行的贡金支付给教廷呢？意大利和北欧之间已经出现了贸易不平衡。伦敦和佛兰德斯正在意大利购买大量的丝绸、香料和明矾，但换来的只是英国原羊毛、一些壁挂和荷兰亚麻布。无论他们运来多少这些东西，似乎都抵不上他们想买的东西的价值。因此，运进意大利的钱币比运出意大利的钱币还要多。罗马的反常现象使情况变得更糟：教皇宫廷吸纳了大量现金，却没有寄回一分钱。运抵罗马的钱主要用于购买奢侈品——厚重的锦缎、丝绸、艺术品和银器——而这些货品并不是来自北欧。

银行家也是商人，他们尽可能通过三角贸易来解决这个问题。佛罗伦萨从英国科茨沃尔德购买原羊毛，佛罗伦萨在伦敦的银行可以用教皇贡品的收入支付羊倌。佛罗伦萨对羊毛进行清洗和编织，然后将成品布匹送到罗马销售，佛罗伦萨银行的当地分行现在可以收回之前代表伦敦分行支付的部分现金。威尼斯和巴塞罗那也有类似的三角关系。但问题是复杂的，有时金银必须直接送到罗马，也许藏在一捆羊毛里。或者，日耳曼人在武装守卫下把他们银矿中的银锭运往罗马。这不是很方便，幸运的是，还有所谓的"委托存款"（一种规避放贷恶名的放贷手法）可以消化其中一部分。

乔瓦尼·迪·比奇在罗马表兄的企业工作了 12 年，他一定学到了建立一家大银行所需的一切知识。他了解到，在主要商业中心拥有自己的分行对一家银行来说有多么重要，以及如何将不同国家的金融和商业交易结合起来，以保持他的资本运作。但最重要的是，他会知道法律精神与法律应用之间的区别有多么重要。例如，当教会向银行贷款时，银行不能要求利息作为回报，因为放贷是一种罪过。因此，作为贸易公司，银行会提高卖给教会的商品价格，以换取它认为应得的贷款利息。同样，当主教、红衣主教或教皇自己有钱存入银行，并想扮演投资人而非借款人的角色时，他也渴望得到一些回报。尽管这不能称之为利息。正如我们将要看到的，这就是全权委托存款。

有些牧师谴责罪恶，大喊粗口，口吐诅咒。另一些人研究教会法，找出其中（可供放贷）的漏洞。人们怀疑基要主义者和妥协者这两类人之间存在着潜在的共谋关系，就像任何永久的敌人之间一样，他们需要对方才能成就自己。无论如何，双方都对文字和交易的描述方式施加了很大的压力。因此，全权委托存款涉及两种意义上的全权委托。存款人的姓名是保密的，因此这种安排是全权委托的。即使通常可以预期年利率在 8% 至 12% 之间，但存款人的存款收益由银行家决定而非合同规定，因此存款收益可以视为一种馈赠。由于银行并不承担提供这种馈赠的合同义务，因为那样就算放贷了，而且在极少数情况下，如果投资亏损，那么这种馈赠也就没有了。

一些神学家认为，既然没有确定的收益，那么这种安排就不是放贷。另一些人，特别是佛罗伦萨大主教（后来被封圣）安东尼诺（Antonino）认为，既然存款是为了希望获得收益——因为礼物的多寡肯定是经过讨论的——那么这就是"精神上的放贷"；意图是存在的，没有合同也没有什么区别，这是弥天大罪。

尽管秘而不宣，但我们仍得知了许多著名的全权委托存款人的名字。亨利·博福特（Henry Beaufort）就是其中之一，他是温切斯特的主教，亨利四世（Henry IV）的同父异母兄弟。博福特的灵魂有危险吗？据说，教皇马丁五世（Martin V）的密友红衣主教赫尔曼·德韦格（Hermann Dwerg）曾生活在"一种圣经一般的贫困之中"，同时却秘密持有 4 000 弗罗林金币的全权委托存款，并接受科西莫·美第奇的年度礼物。也许红衣主教真的过着节俭的生活，也许他慷慨解囊。（此为反讽）

有时，当贸然承诺的"礼物"没有兑现时，就会发生争执。佛罗伦萨政府当然对放贷深恶痛绝，但认为送礼换取存款的习惯"值得称赞"，并规定必须兑现赠礼承诺。历史学家雷蒙德·德·鲁佛（Raymond de Roover）写道："合同都是用晦涩难懂、模棱两可的语言写成的，因此成了昂贵诉讼的沃土。"因此，对弥天大罪的焦虑不仅影响了金融服务的实际性质，也影响了银行业对语言的态度。交易总是有记录的，但其真实性质往往被掩盖。银行家们认为，重要的是你不能明显犯错。很明显，如果一家银行未能及时给出（存款的）礼物，教会的客户就会把金币带到其他地方。

但是，罗马的红衣主教为什么要把钱存入一家银行呢？除了放贷的问题之外，银行还可能倒闭，而且经常倒闭。为什么不把钱投资到城市和周边地区迅速升值的房产上，或者投资到珠宝上呢？把教会的财富（包括红衣主教的薪水）转移到私人部门是违法的。新教皇有权没收那些在前任教皇统治下致富的人的财产。土地是可见的，也是脆弱的。在 15 世纪，教皇更替了 11 次，这还不包括有两位甚至三位教皇同时在位的时期。基督说："变卖你们所有的，跟随我。"但富有的教士们却急于把财富留给家里的兄弟、侄子或私生子。由于有了新的银行工具，货币的好处是无声无息而难以追查，如果遇到麻烦，还可以在外国城市取出来。

因此，除了放贷使人的社会地位不再固化的负面影响之外，还有一些非常不自然的事情正在发生：一个人的财富不再与当地社区联系在一起。教皇马丁五世（Martin V）家族成员存入罗马银行的钱币，可能很快就会以信用证支取或冲抵国外贡金的方式支付出去。与此同时，在阿维尼翁、科隆或布鲁日，卖出信用证或收取贡金的意大利银行家可以把钱投资到从巴塞罗那运来的杏仁或从土耳其运来的明矾中，然后再卖到伦敦。教会的财富因为担心新教皇（的没收）而流通起来。因为新教皇不同于新国王或新公爵，他来自不同的家族，而且非常有可能来自一个与前任不同的城市，并带着他自己的小算盘和一套全新的班子。

乔瓦尼·迪·比奇必须利用这种流通，利用金钱与形而上学的神学相遇时会产生的特殊共振。1393年，他的堂兄维埃里·美第奇退休，乔瓦尼买下了该银行的罗马分行。但为什么四年后，他又搬回佛罗伦萨，果断地成立了自己的银行？为什么佛罗伦萨会成为这家银行的总部，尽管其利润永远无法与罗马支行相提并论？

正如红衣主教和他们随意赠送的礼物一样，答案与家庭有关。14世纪初，一位热那亚匿名作家问道，一个人怎么会"为了自己的孩子，不惜一切代价去获取权力、财产、土地和物品，犯下罪孽从而使自己在死后不得翻身？"这是一个有趣的问题。正如在《神曲》（Commedia）中，许多但丁笔下的被诅咒者似乎更关心他们在佛罗伦萨的姓氏荣耀，而不是他们在地狱中的永恒折磨。莱昂·巴蒂斯塔·阿尔贝蒂在写于14世纪30年代的《家族》（Della famiglia）一书中回答了这个问题。阿尔贝蒂说，既然家族是最优秀的社会单位，那么任何有利于家族或增加家族荣耀的行为或投资都是可以接受的，因为这是人生决定性的目的。

简而言之——尽管阿尔贝蒂绝不会这样说——如果赚钱对个人来说是一种嗜好，那么家族就可以让你把赚钱升华为达到更高目的的一种手段。家族提供了一种价值，一种生活的理由，它比单纯的财富积累更高尚，比死后进入天堂的愉悦更直接。

现在，财富能以货币的形式从一个地方轻易地转移，但家族却不能。美第奇家族深深扎根于佛罗伦萨，那里有祖产和积累下的社交关系网。乔瓦尼去罗马时把妻儿留在了佛罗伦萨，那是因为他自己一直想回去。这样一来，他就不再是一个网络的前哨，而是将自己牢牢地置于网络的中心。乔瓦尼将再次行使佛罗伦萨公民的政治权利，成为社会中令人敬畏的精英成员，而这在罗马是不可能发生的。"远离公众事务"的禁令并不一定意味着"剥夺自己的政治权力"。事实上，一个人可能正是为了积累权力而远离公众事务。此外，与罗马人不同，托斯卡纳人在经营国际银行方面有着悠久的传统，而国际银行正是从罗马赚钱的关键。

布朗齐诺描绘的乔瓦尼·迪·比奇·德·美第奇。作为银行的创始人，他告诫他的孩子们"远离公众事务"，似乎他已经意识到将政治和金融混为一谈的危险。

2

交换的艺术

Medici Money

Banking Metaphysics, and Art
in Fifteenth-Century Florence

　　Bank（银行），这个词，来自意大利语 banco（后来演化为 banca），意为长凳、桌子或木板，是可以在上面写字，算数，把交易双方分隔开的东西，是银行所需要的全部家具。对有些人来说，银行就是一张桌子。他们会说，美第奇家族的桌子就在佛罗伦萨的罗萨路。有些事是在桌子上边做的，有些事是在桌子底下做的。

　　由于银行家们经常在一起做生意，所以他们在同一个街区——奥桑米切莱，也就是现在的新市场附近摆下桌子，总共约有七十张。在维琪奥桥和尚未完工的大教堂之间的路上，或在遮阳的门廊下，或在宫殿巨大的门后，银行家们或站或坐，裹着红色的长袍，身边放着一袋袋钱币。

　　桌子铺着的绿布上，放着一本官方大账簿。汇兑商行会规定，每笔交易都必须记录在案。银行家的手指沾满墨水。"以上帝和利润的名义！"账本开头这样写道。或者："以神圣三位一体以及天堂里所有的圣徒和天使之名。"每个"码头"都拜到了，不愧是商人。

　　书面支票这时已经诞生，但不常见，因为风险太大。大多数交易都必须由客户亲自口头下达指令，并当着他的面用罗马数字分栏写下来，因为这些数字更难更改（类似于中国用难以修改的大写数字计数）。金钱在穿越时空的同时，也产生了大量的记录。它似乎成为有灵性的东西，流动而善变。

商人耐心地看着鹅毛笔书写出他的账目，识字率在提高。街上马车的辚辚声、笼中家禽的咯咯叫声、偶尔传来的报信者的叫喊声打破了人们专注于数字和日期的宁静。佛罗伦萨市中心是一个繁忙的地方。在几百码外的维琪奥市场，一捆捆丝绸和一桶桶谷物正在交易转手，面包师正在从社区公共烤箱里铲出面包。

填写完毕后，账目要大声宣读出来。任何汇兑商行会成员一旦被发现销毁或窜改账目都将被开除，不得上诉。教会的规矩可以商榷，但这些规矩雷打不动。当银行家去世且没有人继承他的生意时，他的账本就会被公会放在一个有三把锁的箱子里，这样，在查阅账目之前，必须有三个行会官员在场，每个人都有自己的钥匙。金钱就像神秘主义一样，在仪式中茁壮成长。

并非所有银行都在做大生意。门拱上挂着红布条的地方，是典当行，他们提供小额贷款，收取规定的利息，并以抵押品作为担保。这些物品可能是一双木屐，上面装饰着刺绣布料；也可能是一个绘有《圣经》中场景的婚箱；还可能是女士裙子上可拆卸的锦缎袖子。这些物品都是有市场的。中世纪是个懂得再利用的时代。

无论是基督徒还是犹太人，典当商都不会试图隐藏自己的利润，当铺是所谓"典型的高利贷者"，因此既不能加入汇兑商行会，也不能获得执业许可证。但当铺是收取罚款的好目标。对于这种市政府认定的"令人憎恶的罪行",佛罗伦萨的所有典当行都要被处以每年 2 000 弗罗林的罚款。不过在缴纳罚款后,他们将免于任何进一步的税收或处罚。神学家们争论这种一次性罚款的安排是否等同于发放许可证。语言又一次被用来钻空子,而不是提供清晰的解释。高利贷到底是否应被禁止?会不会显性高利贷者(当铺)实际上比非显性高利贷者(银行)更诚实?在 1437 年之后,佛罗伦萨的基督徒被完全禁止从事放贷活动。教会终于立了威:如果教会说你不能做,那你就真的不能做,并将穷人的怨恨全部集中在(还准许放贷的)犹太人身上。

与典当行不同,小银行是行会的固定签约成员。这些银行是严格意义上的小型地方银行,主要有三大功能:他们出售珠宝,并接受分期付款;他们吸收存款,每年发放 9% 或 10% 的"礼物";他们将皮乔利(银币)兑换成弗罗林(金币),或将弗罗林兑换成皮乔利。

皮乔利是什么?在讨论银行,不论是国际银行、商业银行,还是美第奇银行之前,我们必须先了解一下当时的货币。

你可能会认为,任何货币都是一个财富单位,当它被聚集或分割时,可以购买特定地理区域内出售的任何东西。这既是货币的神奇之处,也是货币的危险所在,因为只要数量足够,货币几乎可以购买任何东西。铜币可以加起来兑成银币,银币可以加起来兑成金币……

15 世纪的佛罗伦萨却并非如此。当时的皮乔利银币不能加起来变成弗罗林金币。它们是不同的货币。背后的逻辑是,这两种硬币实际上都是由不同的贵金属制成的,它们的价值取决于每种贵金属的交易价值，它们之间的关系就像苹果和橘子之间的关系一样无法固定。皮乔利只能由银行按照将白银兑换成黄金的浮动汇率兑换成弗罗林。

但这只是理论上的，实际上的情况更加复杂。为了避免农民家庭通过积累货币让自己变成贵族，一道鸿沟被建立了起来。皮乔利是给穷人的货币，是工人的工资，是用来给面包定价的货币。奢侈品、大宗商品、国际贸易，这些都是弗罗林金币的专属领域。这是法律规定的。用皮乔利做生意的人，想要进入上流社会，有很长的路要走。

在银行家的绿色桌子对面，则是另一个天地，从白银到黄金，从俭朴到富有，代价不过是少量佣金。不用说，穷人的钱往往越来越不值钱。1252 年首次铸造弗罗林时，人们可以用 1 里拉皮乔利（即 20 皮乔利）购买它。1500 年前后，需要 7 里拉皮乔利，即 140 皮乔利才能兑换到 1 弗罗林金币。部分是因为来自商人行会的商人和属于纺织行会的丝绸制造商以弗罗林为收入单位，但支付的工资却是皮乔利。当利润下降时，他们就鼓励由政府控制的造币厂（主要由这些强大行会的成员控制）降低皮乔利的含银量。这样，就可以用更少的弗罗林向毫无戒心的穷人支付同样数量的皮乔利银币作为工资。安东尼诺（Antonino）大主教谴责了这种做法。这名大主教一直致力于改善穷人的生活，因此深受人们爱戴。他甚至四处奔走，把面包送到奄奄一息的鼠疫患者手中。谴责归谴责，但从来没有人因为玩弄货币而像欠教皇的钱不还的人一样被革除教籍，也没有人像一个丝绸工人偷了一些她正在织造的布料一样被当众鞭打或关进监狱。

因此，尽管社会动荡不安，但区分为二的货币体系保证了一些"有益"的等级区分得以维持。在 1457 年的纳税评估中，82% 的佛罗伦萨人缴纳的税款不足 1 弗罗林，30% 的人因为穷困潦倒而根本没有纳税。然而，这种货币隔离的代价是一些严重的会计问题。乔瓦尼·迪·比奇的银行只用弗罗林进行交易，因此可以使用当时先进的复式记账法，即威尼斯式的借方和贷方对页记账法。但当家族开始经营羊毛制造业时，就不得不回归到更原始的方法。否则当公司的一方用弗罗林，另一方用皮乔利进行交易时，谁又能说清采购、收入和工资之间的确切关系呢？当生意不好，既没有金子做的弗罗林也没有银子做的皮乔利时，工人们甚至不得不接受用羊毛布冲抵工资，不但工人们极度厌恶这种付款方式，这也使账目更加混乱。不过这对典当行相当有利，因为典当行可以用低价收购羊毛布。无论货币有何种潜在的罪恶，人们确实渴望有一种货币可以提供清晰和便利的交换价值。

弗罗林值多少钱呢？ 50 弗罗林可以买到一个女奴或一头骡子。支付一个女仆一年的工资，可能需要 10 弗罗林。35 弗罗林可以支付一栋带花园的小别墅一年的租金，或者美第奇家族位于罗萨门大街和德拉艺术大街拐角处的办公室一年的租金。一座造价 1 000 弗罗林的宫殿的庭院粉刷所有墙壁需要 20 弗罗林，这笔钱也可以支付银行学徒一年的学费，而一桶葡萄酒的价格仅为 1 里拉皮乔利（20 皮乔利），看一次占星师的费用为 0.5 里拉皮乔利。科西莫会告诉他的分行经理"不要做葡萄酒的买卖""这不值得"，但他却经常咨询占星家。金钱和魔法总是形影不离。一把韭菜的价格是 1 皮乔利，一块手臂长的廉价布料的价格是 9 皮乔利，而同样长的华丽白绫的价格则是 2.5 弗罗林，大约是便宜布料价格的 25 倍。一般来说，奢侈品价格昂贵，富人需要他们的弗罗林来购买，而主食价格低廉，这样一来，只要拿到工钱，工人们就可以用他们的皮乔利勉强度日。但城里的许多羊毛和丝绸工人都是拿的计件工资，工作并不稳定。在困难时期，富人餐桌边的服侍奴隶，可能会比自由的工人过得更好。

同样，尽管工资低、货币分离，但赚钱的机会仍然层出不穷，因为金钱不会停滞不前，而穷人很少安于贫穷。因此，穷人即使设法存了一点钱，也有专门的法律防止他们炫耀钱财而惹恼他人。普通阶层用餐不得超过两道菜，任何一餐的宾客人数不得超过一定数量。除非你是骑士或他的夫人，或者是地方官或医生，否则身上的衣服不能超过一种颜色。不能给孩子穿高级布料的衣服。白麻布袜子上不能有软皮底。穷人不能穿有毛领的衣服，普通女人的衣服上只有手腕和手肘之间可以钉纽扣，女仆的衣服上则一颗纽扣也不准有。女仆不能戴花哨的头饰，不能穿高跟鞋，只能戴头巾，穿木屐。

这样，平民们就不会因挥霍无度而陷入贫困。这对（要维持社会等级的）贵族阶层来说无疑是必要之举。这样的立法保持了"自然"的秩序。如果不允许人们滥用金钱，那金钱就不会带来麻烦。这些法律背后的灵感是不是还有点厌女症？毫无疑问，当一个穷人女孩违反穿衣规定，在胸前缝上一颗银纽扣时，遭受赤身裸体在大街上被鞭打的惩罚给某些人带来某种恶趣味的快感。

当然，上述所谓的"衣冠法"并不严格实施，因为对一个专门生产奢侈服装的城市来说，这非常不利于生意。但这些规定的存在却让每个人都对自己的身份保持高度自觉。毕竟监视（和告发）邻居对一些人是件令人兴奋的事。为了不违反法律规定，时尚不断变化。如果这样那样的材料被禁止，那么新的材料就会被发明出来。就像在金融领域一样，管制被证明是对创造力的巨大刺激。裁缝师说："这个袖子可能看起来像萨米特绸（丝绸中混入金银线的一种奢侈丝绸），夫人，但从技术上讲，它是另一种布料，是法国人的新发明。不在衣冠法禁止的范围之内"。"这看起来像是一排纽扣，但你看，这上面没有扣眼，所以严格来说，它们是铆钉而不是纽扣（所以不违法）。"

立法者们努力跟上潮流。"关于珍珠定义的澄清""关于纽扣的说明""关于佩戴项链规定的说明"。但是，如同思考新金融工具是否违反"教义"的神学家们一样，对抗潮流的任务是无止境的。"我们怎样才能遏制我们的女人可耻的兽行（指绕过法令穿奢侈的服饰）？"一位政府成员绝望地问道。时尚警察被命令在街上巡视，对女士们的衣服指手画脚。他们被称为"黑夜警官"。"哦，但领子是乳羊的，警官，不是貂皮的！""乳羊是什么？""一种动物，警官。"与此同时，乔瓦尼·迪·比奇和他的两个儿子都穿着简单利落的斗篷。他们还没有解决如何安全地炫耀财富的问题。正如科西莫最喜欢说的一句话：嫉妒是一种杂草，最好不要浇水。

由于弗罗林价值不菲，又不能分解成币值更小的硬币（否则穷人就会开始使用它），银行家们发现有必要发明一种记账货币，这样大宗商品的价格和充当"利息"的礼物就可以用弗罗林的分数来计算。因此，里拉弗罗林被发明了出来。它的价值是 1 弗罗林的二十九分之二十（是的，20/29），每里拉弗罗林可以分成 20 索尔多弗罗林，而 1 索尔多弗罗林又可以分成 12 第纳里弗罗林。因此，一个金弗罗林有 348 第纳里或 29 索尔多，尽管这些第纳里和索尔多并不是真实存在的金币。谁说金钱和想象力不相容？为了帮助他们计算，每个银行家都配备了算盘。也许这并不奇怪，尽管他们对复式记账法规则了如指掌，但他们的账本并不总是能算平的。一位怎么也算不平账的美第奇银行的分行行长在给总行的信中写道："愿上帝保佑我们今后不再犯更大的错误。"

在一个除了圣灵之外万物皆可见的世界里，这些想象中的货币对于涉世未深的人来说显得非常神秘。当时，科技尚未将生活中的事物从人们的视线中隐去。小便不会在闪闪发亮的马桶里被吸走，粪便存在便壶里，如果你是一个讲究人，你可以付钱让穷人帮你把它拿走，然后倒在其他地方，很可能是在后巷。鼠疫患者并不是死在干净的床单上，也没有镇痛剂减轻他的痛苦。人们涂抹香水，来掩盖潜藏的难闻气味。死亡无处不在，人们短命早逝。

但中世纪也有好的方面。肉类、蔬菜、羊毛和丝绸还没有被一层闪亮的塑料膜包起来；由于油棉布做的窗户透光性差，织布工把织布机搬到了门口；鞋匠和马具匠则在街上摆摊；在戈拉运河边，工人们清洗即将穿在别人身上的原羊毛；渔夫从乡下赶来，水桶里装着鲤鱼；理发师在街角为顾客刮胡子；药剂师正在研磨止咳的肉豆蔻，他们还用洋葱治疗痔疮……一切都在眼前，每项工作都一目了然。这就是自然秩序：人们按照上帝的旨意，靠自己的汗水过活。

即使是不用劳作的封建领主，也要负责训练军队，并将其驻扎出去，管理自己的土地。所有的工作都是容易理解的。当肉体腐化，气息戛然而止的时候，牧师会帮助你的灵魂进入天堂。谁能否认教堂的必要性呢？所有人都在从事一目了然的工作，但这些银行家们在干什么呢？用不存在的硬币来记账算得上是工作吗？

1397 年，乔瓦尼·迪·比奇回到佛罗伦萨，将 5 500 弗罗林存入了他的新银行。比起八年前他妻子给他带来的 1 500 弗罗林，他已经把财产翻了一番还多。银行其他的合伙人是著名的巴尔迪家族的贝内德托·迪·利帕基奥（Benedetto di Lippaccio）和金泰尔·迪·巴尔达萨里·博尼（Gentile di Baldassarre Boni），贝内德托·迪·利帕基奥在罗马就已经与乔瓦尼合作多时，他带来了 2 000 弗罗林，金泰蒂尔·迪·巴尔达萨里·博尼（Gentile di Baldassarre Boni）又带来了 2 500 弗罗林，这样他们总计凑了 10 000 弗罗林。业务的开端并不顺利。几个月后，金泰尔·博尼带着他的资本退出了。这显然是个大错误，他的前合伙人发财了，而他却在债务人监狱中结束了自己的一生。乔瓦尼将自己的出资额增加到 6 000 弗罗林，使资本金达到 8 000 弗罗林，在支付了租金和工资并预留了一笔坏账准备金后，公司撑过了最初的 18 个月，并获得了 1 200 弗罗林的微薄利润，年利润率为 10%。

在接下来的 23 年里，直到乔瓦尼退休的 1420 年为止，整个银行的总利润为 152 820 弗罗林（每年 6 644 弗罗林）。乔瓦尼占了四分之三。从 1420 年到 1435 年期间，银行的合伙人为科西莫·德·美第奇、他的兄弟洛伦佐和贝内德托·德·巴尔迪（Benedetto de'

Baldi）的兄弟伊拉里奥内（Ilarione），利润为186 382弗罗林（每年11 648弗罗林）。美第奇家族占了三分之二。从1435年到1450年，银行处于鼎盛时期，利润为290 791弗罗林（每年19 386弗罗林）。美第奇家族占了70%。请牢记，这是一笔巨大的财富，建造一座体面的宫殿只需花费1 000弗罗林，而当时绝大多数人穷得连一个弗罗林的税都交不起。

在禁止借贷与利息的情况下，如何赚到如此利润的呢？与当时所有的大银行一样，美第奇家族既是贸易商人，也是银行家。他们在国外为有钱的客户采购商品：挂毯、壁挂、彩绘板、吊灯、手稿书籍、银器、珠宝、奴隶。他们会投机倒把，购买一船明矾（用于纺织工业）、羊毛、香料、杏仁或丝绸，将它们从南欧运到北欧，或从北欧运到南欧，囤积居奇，寻求更高的价格出售。

风险是很大的，买家在看到货物之前不会给你弗罗林。需求和价格的波动是惊人的，这取决于有多少商人发现了市场上的某个缺口。一艘佛罗伦萨的帆船从比萨向西航行，横跨地中海，穿过直布罗陀海峡进入大西洋，然后向北沿着葡萄牙、西班牙和法国海岸航行，向东到达布鲁日，最后横跨英吉利海峡到达伦敦，在这几个月的时间里，可能会发生很多事情。也许你到达的时候已经没有买主了，船可能会沉没，尤其是较新的所谓圆船（Round ship，一种中世纪货船）的船，船身上布满船帆。撑开的帆成了投机的象征。幸运女神蒙着眼睛立在桅杆前。总之，交易货物必须买保险。一些银行联合起来，为发生的损失承保。"愿上帝和幸运助我们一臂之力。"航运文件上常常这样祈求道。

　　商人们通过将投资分散到多样化的商品和多个客户中来应对风险。每家银行都有自己的仓库。除了生丝、羊毛和亚麻布，1427年美第奇家族佛罗伦萨仓库的一份清单上还列出了"un corno di liochorno"——独角鲸或犀牛的角。1489年，甚至有一只长颈鹿在送给波旁（Bourbon）公爵夫人的途中死亡。

　　这些富有进取心的商人们怎么会不大发横财呢？然而账目显示，贸易只占银行利润的一小部分。仅靠贸易，美第奇家族不可能变得富可敌国。他们到底是如何发家的？

秘诀就是交换的艺术

　　一个男人来到我们覆盖着绿布的桌前（当时银行柜台一般铺绿色台布），不管是在佛罗伦萨，在罗马，或者1400年的那不勒斯，1402年的威尼斯。他想要借钱，他很可能是个商人，有良好的信用，否则我们不会和他交易。比如说他想要1 000弗罗林，如果法律要求我们不能要利息，他又不是我们的朋友或亲戚，我们为什么要把钱借给他？他给我们提供了一个交换交易，他拿走弗罗林然后在伦敦用英镑还给我们。出纳和分行行长商量了一下，认为这个生意可以做。根据合同的条款，分行行长可能要写信给总行获取批准。但最终钱还是从保险箱里取出来了（交给了那个商人）。作为回报，那个商人——他也可能是地方行政官——给我们写了一张Cambiale，也就是汇票：

公元 1417 年 6 月 15 日，佛罗伦萨，1 000 弗罗林。

按照惯例，将 1 000 弗罗林以每弗罗林 40 便士的价格归还给乔瓦尼·德·美第奇和其伦敦的合伙人指定的任何人。愿基督保佑你。

商人在汇票上签了名。但重要的不是签名。重要的是汇票上的笔迹。无论谁在伦敦支付现金，都会有该笔迹的样本，并将其与汇票仔细核对。一般来说，美第奇银行的所有分行和所有代理银行都会保存有付款权的所有经理的笔迹样本。

客户何时以及如何偿还我们？"如何偿还"这事很简单。他在伦敦的代理人会付钱给我们的分支机构，以英镑支付。或者说，我们在伦敦的分支机构会去他的代理人的办公室，很可能是意大利人开的另一家银行，也就是我们认识的人，要求在指定的日期付款。

何时偿还？从佛罗伦萨到伦敦需要多长时间？这取决于你的旅行方式。陆路还是水路，匆忙还是悠闲。英吉利海峡可能风浪很大，更不用说比斯开湾了。幸运的是，汇兑商行会规定了从一个金融中心到另一个金融中心的各种旅行所需的最长时间。佛罗伦萨到布鲁日，六十天。佛罗伦萨到威尼斯，十天。佛罗伦萨到阿维尼翁，三十天。佛罗伦萨到巴塞罗那，六十天，到伦敦需要九十天，即三个月。这就是汇票中所说的"按照惯例"的意思，它非常谨慎地指出用弗罗林支付和用英镑偿还之间的时间。如果客人在 6 月 15 日拿走了他的弗罗林，那么按照惯例，客人应该在 9 月 13 日支付英镑。如果客人愿意，可以约定一个更早的日期，但不能推迟，因为那样的话，整件事看起来就像是贷款，而不是汇兑交易了。

　　早期，美第奇银行在伦敦没有分行，但他们在那里有值得信赖的代理人。银行在国外的盟友往往是他们的邻居，甚至是国内的竞争对手。同乡们在国外更容易团结起来。汇票会制作副本，原件会寄给伦敦的托托·马基雅维利（Totto Machiavelli）和乌贝蒂诺·德·巴尔迪（Ubertino de' Bardi）等人，这些名字总是耳熟能详。银行有自己的邮递系统。付款的日子到了。我们的代理人派了一名职员去找客户的代理人，收取了指定金额的英镑和便士，双方的代理人都赚到了一笔小额佣金。交换交易完成了，没有任何人不满。

　　但我们作为银行的回报在哪里呢？官方的说法是银行会对汇率变动进行投机，希望当它把英镑换回弗罗林时，英镑的价值会高于最初借出的 1 000 弗罗林。但是，即使是小孩子都明白，在这种情况下，银行不会那么爽快地接受这种交易。毕竟弗罗林升值的时候，没有人会把弗罗林借给你，因为当你用英镑还钱时，它的价值无疑会降低。美第奇银行的账目上写着 "Pro e danno di cambio"（汇兑损益自担）。但在我们有记录的伦敦、布鲁日和威尼斯分行的 67 次汇兑中，只有一次银行发生了亏损，而其余 66 次汇兑中，银行的收益率在 7.7% 到 28.8% 之间。怎么会这样呢？

　　除了周日和节假日，汇率每天由票据经纪人、商人与银行家们一起在露天街道上确定，比如伦敦阴雨绵绵的伦巴第街或威尼斯微风习习的里亚尔托。他们不在任何人的住所或办公室开会，因为那样就等于承认了那个人的地位高于其他人。他们考虑贸易的趋势，他们知道哪些金银币的贵金属含量被人为降低（俗称剪边，指故意把金银硬币剪下一点，这样，原本的金银币个数不变，但能多赚到一些金银边角料），因此币值可能要稍作调整。但汇兑商行会的任何成员如果被发现"剪边"，将被立即除名！故意使用被修剪过的硬币的公会成员也会被除名。弗罗林在铸成后会被直接密封在皮袋里，即所谓的 *"fiorino di suggello"*（封印的弗罗林）。这是为了避免"剪边"。但谁都知道，总有人会打开皮袋，更换金币或修剪硬币，然后重新密封。佛罗伦萨的弗罗林的币值被密切关注，与威尼斯杜卡特和罗马弗罗林相比，弗罗林正在贬值，更不用说日内瓦金马克了。这些专家知道哪些造币厂在减少或增加含金量，哪些货币是银制的，哪些是金制的。米兰的帝国银币就一直在贬值。他们知道哪些国家的政府试图干预市场，知道投机者们的动向。虽然他们每天聚在一起，尽可能诚实地确定汇率。但在他们的笔下，不管弗罗林的价值如何，弗罗林兑英镑的汇率在佛罗伦萨总是比伦敦贵 4 便士。

回到之前的问题。我们的客户在佛罗伦萨兑换了 1 000 弗罗林，佛罗伦萨宣布 1 弗罗林可以兑换 40 英国便士，汇票就是按这个汇率写的。借款人指示他伦敦的代理人在三个月后付款，伦敦的代理人也这样付款了。这样，银行的代理人就在伦敦收到了 40 000 便士（或也就是 166 英镑 1 先令 6 便士）。然后，银行就会指示伦敦的代理行寻找一个希望获得相同金额贷款的伦敦本地客户，并提出在三个月后用弗罗林还款，也就是从伦敦到佛罗伦萨所需的"官方"时间。也许这位伦敦的借款人是一位购买羊毛的商人，他猜测羊毛运抵意大利后，卖出的价格会远远高于他在科茨沃尔德购买羊毛的价格。

于是，银行又签发了一张汇票。但是，即使不考虑时间带来的币值波动，伦敦的汇率也跟佛罗伦萨是不同的。在这里，英镑更值钱。只要 36 便士就能买到 1 弗罗林，所以账单是按这个汇率写出来的：按惯例支付价值 166 英镑 1 先令 6 便士（也就是 40 000 便士）的弗罗林，汇率为 36 便士兑换 1 弗罗林。三个月后，如果一切按计划进行，咱们的银行将收到 40 000/36=1 111 弗罗林。这样，在六个月内，一开始借出弗罗林的银行，通过汇票，赚了 11%，也就是说，年利率为 22%。

美第奇家族进行过数百次这样的交易。基本上，他们赚钱的诀窍，就在于"制度性"的汇率差，收取货币的国家的汇率，总是比发放货币的国家高几个百分点。就佛罗伦萨和北欧而言，汇率的差额决定了银行家的利润，而这一差额往往在初春时节最大，也就是佛罗伦萨大帆船从比萨出发前往布鲁日的长途旅行之前。因为此时贸易信贷需求最大。到了夏季，需求就会减少。为了帮助商人和银行家了解这个复杂的体系，他们甚至编写了专门的手册。在这种汇率差价之下，谁还需要利息来盈利？（通过操纵汇率差价，银行不需要收取被教会禁止的"利息"，就能够实现盈利。）

虽然不收利息，但这到底算不算被教会禁止的"放贷"呢？这是神学家们思考的问题。银行家们常常向他们咨询，毕竟没有人想因为"放贷"而死后下地狱：这个交易算是有利息的放贷，还是兑换交易？但是，如果在交易期间货币汇率发生了剧烈变化，那么即使不同国家的货币汇率之间存在制度性差异，也不足以使银行家免于利润缩水，甚至发生损失。反之，如果汇率的变化对贷款人不利，那么贷款人就会为自己的贷款付出高昂的代价。比如说，当那些贸易大帆船在葡萄牙海域的大风大浪中艰难地向英国航行时，英镑的汇率如果直线上升，那么借款的贸易商就有可能亏个底掉。神学家们最后认定，只要兑换存在地理上的距离，只要存在金银币的真实交换，只要交易过程中存在风险因素，这就不算是"放贷"。

虽然给这种"汇兑生意"开了绿灯，为了维护自己的信誉，神学博士们还是对所谓的"干兑换"（*cambio secco*）大加挞伐。在这种交易中，当汇票上的外币（比如英镑）到期时，客户并不付款，而是在考虑了汇率后，用另一张汇票归还所欠的金额。这就好比上述合法兑换的第一位和第二位客户，借弗罗林的人和借英镑的人，实际上是同一个人。第二张汇票在第一张汇票的签发地——在这个例子里就是佛罗伦萨——在到达还款期限后按照汇率以弗罗林偿还。这样，贷款的期限就延长了一倍，而且也避免了实际使用外币（这个例子里是英镑），尽管汇率的投机因素和风险因素仍然存在，因为第一张汇票的确按照当天伦敦的汇率被兑换了，汇率也在汇票上被写了下来。因此，从逻辑上讲，没有理由说这种操作比普通汇兑更像或更不像"放贷"。尽管如此，神学家们还是强烈谴责这种做法，因为结果很明显，客户在佛罗伦萨的银行借到了钱，然后又在佛罗伦萨还了更多的钱给银行，他们真正想要的是贷款，而不是汇兑交易，动机在这里很重要。1429 年，佛罗伦萨政府禁止了这种做法，指出这不过是伪装成汇兑交易的进行放贷的骗局。"进行合法的汇兑交易"这是美第奇银行宣称的宗旨。但它却经常进行这种被禁止的"干兑换交易"。1435 年，当科西莫在佛罗伦萨政坛中占据主导地位时，禁止此类交易的法律被迅速废除。

这就是当时的情况：放贷是令人憎恶的恶行，但人们需要借钱，银行家也需要利息回报。由于从一个金融中心到另一个金融中心需要时间，因此复杂的汇率体系提供了一个模棱两可的领域，让（披着汇兑外皮的）信贷业务不断发展，也使许多人对自己死后灵魂的归宿感到焦虑（指"擦边球"的放贷行为是否会导致下地狱）。一些商人对整个"汇兑"行业避而远之，认为再怎么曲解，这都是"放贷"，是一种罪过。一些不那么胆小的经营者则对教会（反对放贷）的立场感到高兴，因为这吓跑了胆小的人，减少了竞争。实际的情况是，长期贷款变得非常困难，因为汇票必须在官方规定的到达欧洲任意中心之一所需的时间内支付。资本投资受到影响，银行开始专注于贸易而非制造业，并被迫走向国际化，而非本地贸易。借贷比原来更贵，而且投机性更强。一本银行手册警告说："汇兑生意是一只过路鸟，出手须果断，它可不飞回头路。"最重要的是，在人们宣称自己在做的事、人们认为自己实际在做的事，以及人们认定自己不应该做什么事之间，始终存在着矛盾的关系。与此同时，银行之间关于大事小情的任何信件都会附带一份名为 avviso（警惕）的声明，明确当天的汇率。这个时期，信息已经变得至关重要。Stare sugli avvisi，即"保持警惕"，成为汇兑交易的座右铭。保持警惕，披着汇兑交易外皮下的放贷生意伴着特别的刺激：我是赢了还是输了，我会上天堂还是下地狱？

乔瓦尼·迪·比奇始终保持着警惕，其表现之一就是他坚定地与教会保持密切关系，因为教会是那个时代所有资源的源泉：不管是精神上的、政治上的还是金钱上的。在罗马期间，他结识了性格外向的那不勒斯神父巴尔达萨雷·科萨（Baldassarre Cossa），他1402年当选了红衣主教。现在尚不清楚他的红衣主教的帽子，是不是在乔瓦尼·迪·比奇的资助下买来的，不过，红衣主教科萨在许多信中都称呼美第奇家族的这位族长为"我最亲爱的朋友"。

1410年，科萨当选为教皇，成为乔瓦尼二十三世（Giovanni XXIII）（梵蒂冈第二次大公会议上还出现过另一个乔瓦尼二十三世，这混乱的情况容后详述）。在罗马，乔瓦尼·迪·比奇的合伙人贝内德托的兄弟、现任美第奇银行罗马分行行长的伊拉里奥内·迪·利帕乔·德·巴尔迪（Ilarione di Lippaccio de' Bardi）立即成了教皇金库的保管人。也就是说，罗马的美第奇银行当时掌管着教皇的现金，收取他的巨额收入，支付他的巨额支出。美第奇银行借钱给教皇用于他对那不勒斯的战争，当教皇战败之后，美第奇银行又借给他更多的钱来支付赔款。关系良好的银行变得不可或缺。美第奇银行开始建议教皇麾下主教职位的人事任命，然后在被举荐的主教们就职时收取应得的"手续费"。显然，银行家们只会举荐那些能够按时支付"手续费"的候选人。在乔瓦尼·迪·比奇的一生以及科西莫的大部分时间里，美第奇银行50%以上的利润都来自罗马。

为了获取这笔神圣的收入，美第奇银行在那不勒斯和威尼斯这两个主要贸易中心增设了两家新分行。分行之间以及分行与佛罗伦萨总行之间的关系至关重要。美第奇银行之前的巴尔迪银行和佩鲁齐银行之所以倒闭，其中一部分原因是借给外国君主的贷款出现了无法收回的大额坏账，但也有很大一部分原因是其各个分行在不同国家的业务没有在法律上隔离开。银行作为一个整体要对其每个网点的债务负责，如果任由资金无节制地流动，突发的意外情况就会让整个银行翻船。更糟糕的是，为了给庞大的国际业务提供资金，佩鲁齐家族为其银行招募了大量的合伙人和投资人，这最终导致他们失去了对银行的控制权。当某个分行出现剧烈亏损的时候，原本应该同舟共济的各个合伙人就开始争论不休，无法形成一致意见，最终导致整条大船触礁沉没。

乔瓦尼·迪·比奇通过一个简单的结构修正解决了这些难题，这也显示出美第奇家族的天才之处：通过架构设计实现对人的操纵和控制，不光是银行前期金融架构的设计，也包括银行中晚期对社会和政治架构的改造。在美第奇的架构中，每个分行都是一个独立的公司，股东分别是占10% ~ 40%股份的分行行长，和占有其余股份的美第奇银行控股公司。这部分股份不是由美第奇家族持有，也不是由佛罗伦萨总行持有（佛罗伦萨总行的架构与其他分行相同）而是由一个在美第奇家族控制下的控股公司持有。这家控股公司位于佛罗伦萨的一个单独的办公室内。通过这种方式，美第奇银行可以引入大量的投资人——每个分行可以引入一两个，控股公司还能引入一两个更重量级的人物——而美第奇家族却不会失去对任一支行或整个银行的控制权。

分行行长可以报销许多费用，还能获得比他股比更高的利润分成。这些措施是为了激励他们更好地为银行卖命。作为回报，分行行长必须常驻在分行所在的城市，并严格遵守控股公司的规定：借

给红衣主教的钱不得超过 300 弗罗林；借给权臣的钱不得超过 200
弗罗林；不能向任何罗马商人放贷，因为他们极不可靠；也不要借
钱给封建领主，即使他们提供足够的担保也不行（领主们自己就是
法律）；千万千万不能借钱给德国人，因为一旦出了问题，他们的法
院不会支持任何合理追偿诉求。

　　包括出纳员、写信员、信差和经理等，每个分行大约有四到八
个雇员，大家都在同一栋楼里工作、吃饭和睡觉，共用一两个仆人、
奴隶和马匹。佛罗伦萨的控股公司负责所有的人事工作，包括招聘、
解雇以及工资。否则，谁知道远在异地的分行经理和他的下属之间
会不会串通好做什么坏事呢？除了官方账簿外，还有一本"秘密账
簿"，分行行长在上面记录了一些机密要事，比如希望保持匿名的神
秘客户的存款。工资严格保密，任何雇员都不能知道别人的工资。
任何私怨或针对总行的阴谋都必须掐灭在萌芽之中。秘密账簿是用
羊皮纸而不是普通纸张做成的，这样可以保存得更久。账簿上锁保
存，通常放在分行行长的卧室里。每年各地的分行行长都会拿着秘
密账簿到佛罗伦萨汇报一次。最重要的是，每个分行都是独立的，
他们跟其他分行做生意的时候，就像是跟外部公司一样。每一个分
行都是一整个银行的一部分，但他们之间又不停地相互竞争；每一
个分行都独立运营，但又受到控股公司的监督。美第奇家族学到并
应用了他们日后在政治领域同样运用的技巧：高薪养廉、分而治之。

　　然而，无论你制定了多么复杂的架构，识人之明始终是最关键
的。要赚钱，就需要精明、诚实的雇员，当然强健的体魄也很重要，
1400 年，卡斯特拉诺·迪·托马索·弗雷斯科巴尔迪（Castellano

di Tommaso Frescobaldi）刚被任命管理那不勒斯的事务，就病逝了，带来了相当大的麻烦。再好的管理体系对瘟疫也无能为力。曾经高贵的托尔纳金奇（Tornaquinci）家族的内里·迪·西普里亚诺（Neri di Cipriano）于 1402 年成为威尼斯的第一任分行行长，但他立即破坏了总行的规矩，把钱借给了德国人，甚至波兰人！他当然没能收回这笔贷款。他通过做假账，编造了第一年的利润，并以 8% 的利率四处借钱，以弥补亏空，但亏空却越来越大。由于美第奇家族当时没有定期向各分支机构派遣稽查员，因此在三年后才发现了威尼斯分行近 14 000 弗罗林的巨大亏空。兑换交易之所以如此令人血脉偾张，是因为它的交易架构使得损失和盈利一样快速和猛烈。中世纪命运之轮的转动早已经加速，在杠杆的撬动下，所有事物似乎都被扩大了。后来，托尔纳金奇被威尼斯法院判刑，他以家财支付了部分罚款，然后逃到了波兰商业中心克拉科夫，在那里，他从波兰人手中收回了一些美第奇银行的欠账，但他并没有归还给美第奇银行。18 年后，乔瓦尼·迪·比奇听说托尔纳金奇在波兰陷入贫困，便给他寄去了 36 弗罗林，这笔钱足够他生活一年多。我们虽然对乔瓦尼知之甚少，但他能对一个行为如此恶劣的雇员施以援手，我们很难否认他还是有点热心肠的。

除了选择合适的经理人，还必须找到合适的教皇。当乔瓦尼·迪·比奇成为乔瓦尼二十三世的私人银行家时，实际上有三位教皇正在争位，他们之间存在着尖锐甚至血腥的冲突：乔瓦尼二十三世在罗马，教皇本尼迪克特（Benedict）在阿维尼翁（一个法国小镇），教皇格里高利（Gregory）在那不勒斯。在《十日谈》的第二个故事中，薄伽丘认为，正是教会的反常乖张的行为、腐败和无休止的内讧，显示了基督教信仰的顽强生命力，毕竟这样胡闹腐败，信徒仍然对教廷笃信不疑。同样，三位教皇也给教廷的统治带来了严重的问题。谁来任命教士？该向谁缴纳什一税？谁来听取忏悔并赦免罪过？由于难以忍受教廷的分裂，神圣罗马帝国皇帝邀请所有自称教皇的竞争者参加 1414 年在康斯坦茨召开的教廷会议，以解决这一问题。乔瓦尼二十三世当时正在佛罗伦萨躲避他的各路仇敌，收到邀请后，他带着美第奇银行罗马分行的工作人员出发了。从此开始，美第奇银行罗马分行的工作人员就变成了教皇的随扈，而教皇出远门总是需要大量的随行人员同行。归根结底，就银行业务而言，罗马永远是基督教的首都，是教皇的教廷。当时的意大利人总是抱怨，现在的罗马，除了教会和世俗的官僚机构，其他什么都不剩了。

教皇所到之处，食物和住宿的价格暴涨，一些人对他的到来欢欣雀跃，另一些人则因为他的到来几乎饿死。由于几位教皇竞争者和所有红衣主教都从基督教遍布的欧洲各地赶来，带来了大量资金的流动，这让意大利银行在康斯坦茨（德国商业城市）的生意分外兴隆。当时 25 岁的科西莫刚刚迎娶了伊拉里奥内的远房表妹康泰西纳·德·巴尔迪（Contessina de' Bardi），他跟着他新婚妻子的娘家人开始入行银行生意，以获得一些实战经验，结识一些有用的人。然而，美第奇家族这次运气不佳，他们支持的教皇成了输家。经过一番曲折的外交活动后，乔瓦尼二十三世预感到事情的发展脱离了他的预想，因此他试图破坏会议，阻止会议推举出新的教皇，但事情败露，他被逮捕，并被指控乱伦、勾结海盗、贩卖圣职等。也许，道德审判和银行业一样，都存在着疯狂的杠杆。你是圣洁的世界精神领袖，还是最坏的恶棍，你是在天堂歌唱，还是堕入地狱被诅咒，全在一时一念之间。无论如何，被定罪的乔瓦尼二十三世不再是教皇了，从教会的角度来说，他从来就没有当过教皇。因此，乔瓦尼二十三世的这个头衔还算是没人用过，然后在五个世纪后被后世的另一名教皇选用为尊号。与此同时，美第奇银行罗马分行的经理人们也发生了分裂，其中一半仍然忠诚于被囚禁的乔瓦尼二十三世，另一半则投靠了新教皇马丁五世，乔瓦尼殷鉴在前，其他两位竞争教皇的教士明智地退出了这一竞争。

乔瓦尼二十三世历经沧桑的故事：

他被监禁四年，美第奇家族始终对他忠心耿耿，乔瓦尼二十三世将著名圣物，施洗约翰的圣指赠给美第奇家族，美第奇家族也为了赎他，支付了 3 500 弗罗林，乔瓦尼二十三世也将自己收藏的稀世珠宝转让给美第奇家族。最终，在将一个镶满珠宝的头饰送到教廷之后，美第奇家族成功地替乔瓦尼二十三世向马丁五世求得了赦免，还让他在获释后被任命为图斯库伦（现今弗拉斯卡蒂，罗马附近一个城镇）的主教，而乔瓦尼二十三世的嫖妓和异端的罪名则被抹去。光乔瓦尼二十三世的这些故事都足以写满一本书。然而，真正起作用的，往往不是显而易见的狗血剧情，甚至也不是眼花缭乱的金钱与圣物的来回易手，而是一些表面看起来毫无关系的东西。在这个故事中，不管是对美第奇家族、他们的银行、佛罗伦萨这座城市，甚至对几个世纪之后的我们来说，最重要的事情，是乔瓦尼二十三世的墓碑。1419 年，在被赎出监狱六个月后，这位前教皇在科西莫·美第奇的家中咽了气，他在人间欠的债，烟消云散。

让我们暂时回到《十日谈》的第一个故事。西亚佩莱托爵士（Ser Ciappelletto）是一个臭名昭著的骗子、通奸犯、谋杀犯和鸡奸犯（这个罪行名单是不是看起来有点眼熟），他的职业是公证人，被派到外国去收债。他寄宿在该地的一户意大利人家里，这户意大利人秉承了中世纪意大利人的"祖传产业"，以放贷为生。在寄住期间，西亚佩莱托爵士生了一场大病。这户意大利人吓坏了：如果西亚佩莱托爵士不进行临终忏悔，按照基督教义，他将不得安葬入土；但如果他进行了临终忏悔，吐露了他借宿的这家人以放贷为生，那么这个丑闻将为当地人提供一个完美的借口，以放贷的罪名对这户意大利人动用私刑。但西亚佩莱托爵士找到了一个解决办法。他进行了临终忏悔，但在忏悔中他撒谎声称，在他的记忆中，除了小时候曾在教堂里吐过口水和咒骂过自己的妈妈几句之外，没有犯过任何更严重的罪。他从未参与到放贷和收债的邪恶行当中。他也从未与任何人发生过性关系，至死都是童贞之身。神父听信了他的忏悔，深信他是个圣人，把他葬在了当地的修道院里，因为他"圣洁的一生"，他的坟墓成了人们狂热祭拜的对象；那些人声称，在他坟墓前祈祷相当灵验。

　　故事的喜剧效果取决于其隐含的神学理论的滑稽。今世是对来生的考验，死亡是清算之日，之后是地狱或天堂（炼狱只是后者或多或少的延伸）。因此，在生命最后的忏悔中说谎话是疯狂的。它颠覆了当时的人的三观。西亚佩莱托爵士解决现世问题的方式相当高明，但又十分愚蠢，因为这种行为是以自己的灵魂为代价的。他将在地狱经受烈火炙烤。人类的精明是如此的诱人，如此的有趣，但在将世界一刀划为好坏两半，非黑即白的愿景中，这种精明却没有一席之地。

　　那么，正是这种追求非黑即白的确定性，以及人们对上帝的完全信服（无神论在当时是不可想象的），导致了在描述复杂的金融活动时产生了各种的模棱两可。因为一切行为都必须被宣布为有罪或无罪。耶稣基督说："不赞成我的，就是反对我。"在佛罗伦萨最古老、最中心的教堂，洗礼堂的圆顶天花板上，彩雕最后的审判将整个房顶分为被祝福的和被诅咒的。除此之外，别无其他。严谨、静态的拜占庭风格，坚硬的马赛克小石头，让善恶区分毫不模糊。这个画面传递的就是教义。色彩之美、线条之美和姿态之美让画面更加清晰。不是支持我就是反对我，这决定了你的命运。区区银行家能改变什么？

　　我们对乔瓦尼·迪·比奇的童年一无所知。据推测，他和其他中产阶级的年轻人一样，十几岁就会加入一家行会，青少年时期就在叔叔的银行工作。但乔瓦尼的儿子们，则被安排了更复杂的教育方式，先是在修道院学校学习，然后在来自贵族血脉的人文主义者罗伯托·德罗西（Roberto de' Rossi）的指导下学习，他将年轻的科西莫和他的弟弟洛伦佐介绍给了其他更著名的早期人文主义者——波焦·布拉乔利尼（Poggio Bracciolini）、莱昂纳多·布鲁尼（Leonardo Bruni）、尼科尔·尼科利（Niccolò Niccoli）和安布罗吉奥·特拉韦萨里（Ambrogio Traversari）——他们向这几位年轻的银行家们灌输了对基督教之前的古典世界的热情，尤其是对寻找、收集甚至阅读手稿的热情，通过这些手稿，人们可以了解基督教统治欧洲之前的那个世界。当科西莫在康斯坦茨参加教会会议时，他没法参加与这些人文主义者的定期讨论，但他可以与波焦·布拉乔利尼互相讨论，后者作为乔瓦尼二十三世的教皇宫廷秘书出席了康斯坦茨会议，还从自己的公职中抽出时间，探访了克吕尼修道院和圣加仑修道院，在那里他发现了各种早已被遗忘的西塞罗（Cicero）和昆体良（Quintilian）（皆为古罗马思想家和辩论家）手稿。关于这些，可以展开很多讨论，早期人文主义背后的基本灵感（虽然很少论述），可以追溯到他们的上一代，读一读薄伽丘为他的汇编著作《关于著名女性》（*De mulieribus claris*）所写的序言："我决定将基督教女性排除在外"，薄伽丘抱歉地开宗明义。当然，她们"在真实和永恒的光辉中熠熠生辉"，但是，"她们的坚贞、纯洁、神圣和战胜欲望的无敌坚毅"已经得到了"通晓神圣文学出类拔萃的各路虔诚之士"的充分赞美。因此，薄伽丘说，我要转向别处，关注基督教之前的世界。

基督教已经被讨论和辩论了太多，所以应该专注于其他方面，比如古罗马的女性、古希腊的文学，以及与宗教无关的人类品质和价值观。这比任何其他内容更能体现人文主义的意义：在基督教形而上学、非黑即白的紧张关系（不是天堂就是地狱）中开辟一个无须判定黑白的空间，同时仍然与基督教世界相容。教条主义被抛弃了，但基督信仰保留了下来。薄伽丘在写序言之前的几年，曾问他的导师彼特拉克（Petrarch），一个基督徒花这么多时间在庸俗文学上真的好吗？彼特拉克向他保证，只要这些文学作品具有启发性，能教育年轻人为社会服务，并能让人的灵魂转向美和真理，这些文学就有意义。这在中世纪是重大思想突破：有这么一个世俗空间，人们可以独立于基督教义之外，拥有自己的道德观和价值观，成为一个有道德的善人。哪一个从事被教廷诅咒的干货交易的银行家会不渴望这样的东西（即在基督教义之外，人也可以是有道德的），会不愿意为一种认可严格遵守教会法之外的其他品质的文化做出贡献呢？这种观点，产生了西方现代生活的世俗主义。这种世俗思想的大部分最早出现在 15 世纪的佛罗伦萨。

在文学作品中，开辟这块世俗领地似乎很容易：人们只要重新发现古罗马和古希腊的文学作品，誊抄和传播新的副本，对其进行讨论，并撰写新的书籍就能把这种世俗思想传播出去。但视觉艺术此时几乎完全被宗教占据。世俗主义者如何能在这里找到一些空间呢？答案是日拱一卒，绝不声张。在这里，美第奇家族扮演了重要的角色。

在乔瓦尼二十三世遗嘱指定的四位地位显赫的执行人中，有一位是他的银行家乔瓦尼·迪·比奇。这位前教皇希望被安葬在洗礼堂，这是佛罗伦萨市中心最古老、最神圣的礼拜场所。只有另外三位主教曾葬在那里，而他们的坟墓不过是最简单、最简洁的石头盒子。墙壁上的装饰是黑白大理石上刻板的图案。似乎任何东西都应该分散人们对天花板上被祝福和被诅咒精确划分的浮雕的注意力。

　　科西莫接手了这项工程，并雇用了年轻的建筑师兼雕塑家米切罗佐和多才多艺的天才多纳泰罗。负责教堂内部装饰的商人公会对此提出异议。他们警告说："不要搞花里胡哨的东西。陵墓不能突出墙壁占用多余的地面。"艺术家们找到了规则当中的一个漏洞，他们将教皇的坟墓放置在靠墙的两根现有支柱之间，以 7 米的傲人高度耸立在教堂的一侧，石棺竖立而非横放，这样也算没有突出柱子占用地面。石棺上方有三个大理石浮雕，分别表现了站立的女性形象——信仰、希望和仁慈，石棺侧面有两个赤身裸体的天使展开了一幅画卷。石棺上方是一张用大理石雕刻的窄床，床垫和枕头一应俱全；躺在床上的是用闪闪发光的青铜铸造的乔瓦尼二十三世，他完全是人形，像是睡着了，英俊而睿智的脸庞朝向众人。在躺着的人像上方，墓碑更高的地方，耸立着最优雅的卧室顶篷，同样是石雕的，窗帘像是刚刚拉开，在顶篷的顶端，似乎有一个环将整个结构固定在教堂墙壁突出的地方。石棺一侧的天使手持卷轴，上面写着 IOHANNES XXIII QUONDAM PAPA——"前教皇乔瓦尼二十三世"。

　　教皇纪念碑碍事吗？它遵从了关于深度的规定（不占用柱子外多余的地面）。但在晨祷弥撒时，青铜在阳光下熠熠生辉；躺着的雕像是如此人性化，如此有个性，如此明显地既不在天堂也不在地狱，很难不让人分心注视。最重要的是，"前教皇"的题词给拜占庭马赛克营造的永恒静谧的空气中带来了阵阵分裂和模糊。他到底有没有当过教皇？没有什么比人类历史的复杂性更不利于非黑即白的事实了。马丁五世憎恨这座纪念碑。他坚持认为，乔瓦尼二十三世从未当过教皇。人们窃窃私语，成为美第奇家族的朋友多么风光。美第奇家族为前教皇付出如此多金钱修筑这座陵墓。这一切多么令人着迷！在中世纪教堂的壁龛里，人们本以为只存在这种或那种美德的象征性符号，但在这里却出现了一个真实的人，一个不易判断或归类的人。这种效果与但丁的《神曲》中的那些描述方式别无二致，炼狱中一个个被诅咒的人不再仅仅代表这种或那种抽象的罪恶，而是变成了一个个有经历、有故事的男人或女人，一个个我们感兴趣、能引发同情心的人。

美第奇家族的银行家们在委托和建造巴尔达萨雷·科萨（Baldassarre Cossa 也就是乔瓦尼二十三世的陵墓）时期待得到什么回报吗？我们不得而知。但无论美第奇家族的意图是什么，纪念一位家族朋友、点缀一座教堂、显示美第奇家族的金钱力量（科西莫对抓住机会这事从来非常敏锐），在教堂屹立到今日的永恒中，有些东西已经发生了改变。从现在起，多纳泰罗将成为科西莫最喜欢的雕塑家，而米切罗佐则是他最喜欢的建筑师。

3

权力的崛起

Medici Money

*Banking Metaphysics, and Art
in Fifteenth-Century Florence*

　　1420 年，科西莫 31 岁。他的父亲已经 60 岁了，决定从银行退休。皮耶罗·迪·科西莫，美第奇家族下一代的嫡长子，4 岁。科西莫第二个儿子乔瓦尼也即将出生。科西莫的妻子康泰西纳·德·巴尔迪是个快乐、臃肿但是务实的人。由于没有受过教育，她不能进入科西莫的书房。尽管科西莫长期出差在外，他却很少写信回去。包办婚姻不过如此。他们的结合，不过是因为她是巴尔迪家族的人，他是美第奇家族的人。虽然没有爱情，但两人倒也相安无事。

　　从父亲手中接手银行后，科西莫去罗马待了三年，在那里，马丁五世原本中意的银行家们刚刚接连遭遇生意失败，美第奇家族借机又重新成为教皇的座上宾，美第奇银行的股东们如释重负。科西莫是个什么样的人呢？据说他彬彬有礼，不张扬。比起马，他更喜欢骡子。面对挑战，他深谋而不显声色。有的时候，他的下属会说："科西莫，我希望你能把话说得更清楚一些，这样我就能明白你的意思。""先学会我的语言。"他回答道。"科西莫，在这次外交谈判中我应该怎么做？""穿得像个贵族，尽量少说话。"他回答道。这是一种既能让你看起来很精明，又不会泄露太多信息的风格。一旦向任何人倾诉秘密，你就会成为他的奴隶。

科西莫喜欢收集各种宗教的和世俗的书籍。在阅读一本名为《修道士学说》（*Monastic Institntes*）的书时，他画出了其中强调忍耐和谨慎以及如何应对肉体的诱惑的段落。在西塞罗的《论演说》中，他附注到，如果你把自己的观点伪装成大多数人的共识，那么听众往往会更容易接受你的观点。他的思考非常有趣。他对当时流行的骑士比武或广场竞技不感兴趣。他很虔诚，是一个宗教联合会的成员。这个联合会的成员每周聚会一次，歌颂上帝，互相鞭打忏悔，还组织街头游行以纪念各种基督教圣徒。科西莫曾委托吉贝尔蒂制作了一个精美的浮雕柜，用来存放三位默默无闻的殉道者的遗物。他还对占星术和魔法着迷。虽然爱好众多，但他还是最热爱银行业。他说："即使挥动魔杖就能凭空造出金币来，我也还会去做银行家。"为什么？"银行业操纵人心、风险和权力，这才是真正的魔法"。

科西莫雄心勃勃，他要恢复美第奇家族在佛罗伦萨最有权势家族的荣光。他也非常谨慎，决心避免当初美第奇家族家道中落的经历。1421 年，他的父亲乔瓦尼·迪·比奇被选为佛罗伦萨政府首脑（gonfaloniere della giustizia）。这是自 1378 年西尔维斯特罗错误支持羊毛工人起义导致家族蒙羞以来，美第奇家族再次获得这一殊荣（尽管任期只有两个月）。美第奇家族再次崛起，成为这座城市第三富有的家族。前方一片坦途，似乎一切都有可能。但科西莫却时刻牢记他作为肉体凡胎的局限性，他的双胞胎哥哥，达米亚诺

（Damiano）在出生后就死了。在基督徒的世界里，死亡意味着永恒的审判，如果一个人得到了全世界，却失去了灵魂，那又有什么意义呢？无论在生前树立多少精美的雕塑，展现了何种美丽的形象，这一终极问题都无法回避。科西莫的命运就是在争权夺利与安宁祥和、世俗财富与进入天堂这样互相冲突的目标之间寻找平衡。耐心、谨慎，将自己的野心隐藏在大众共识之中。"Semper"是他最终为自己想出的座右铭，意思是"永远"，他还选了钻石，这种珍贵且极具抵抗力的东西，作为符号。除了在罗马的三年，史书中的记载让我们感觉他似乎从来没有年少轻狂过。

不得赌博，这是美第奇银行的雇员在受雇进入其分行时签署的戒律之一。但在多年后，当大主教安东尼诺请求科西莫支持阻止神职人员赌博的规定时，这位银行家却回答说："也许我们首先应该禁止他们使用"出老千"的骰子。再谈什么赌博的事。"这是一个宗教无处不在却充斥着各种越轨胡来的时代。酒肉穿肠过，佛祖心中留，这并不矛盾。美第奇银行雇员合同的第七条规定："汝不得在屋内养女人。"因为雇员们的佛罗伦萨的妻子并不外出旅行，在当地的女人就意味着婚外丑闻。

在号称永恒之城的罗马，科西莫在提沃利定居了下来。由于没有妻子康泰西纳的家务技能，他要求银行威尼斯分行的一位雇员为他找一个女奴。自13世纪末以来，由于黑死病瘟疫导致劳动人口严重减少，人们开始被允许豢养奴隶。虽然，这场瘟疫的受害者不分男女老幼，但为了解决劳动力短缺，从东欧斯拉夫国家、希腊和北非运来的奴隶几乎都是年轻女性。科西莫的雇员告诉他，她"是个健康的处女，没有疾病，年龄大约 21 岁"。这个介绍挺吸引人的。
科西莫当即买下了她，因为科西莫本人是圣母玛利亚的忠实信徒，
他给这个女孩取名为玛德莱娜（Maddalena），一个由玛利亚变化而
来的名字。没过多久，这名女奴就为他生下了一个名为卡罗（Carlo）
的孩子，这孩子有着明显的切尔克斯特征。我们不知道婚外生子给
科西莫带来了多大的尴尬，但显然，作为一个出轨的老公并不像作
为一个放贷者那样麻烦。一切问题都很容易解决。科西莫将卡罗与
皮耶罗和乔瓦尼这两个正妻的婚生子一起抚养在自己的家中，后来
又利用自己的影响力让这个孩子加入了教会，并让他成了普拉托的
主教。这种处理方式是当时有钱有势阶级的"常规操作"。人们认
为，肉欲孽缘的结晶应该宣誓独身。圣徒杰罗姆（Jerome）还曾自
相矛盾地指出，生育的唯一目的就是为上帝创造童男童女……

　　与科西莫一起在罗马分行共事的乔瓦尼·达梅里戈·本奇
（Giovanni d'Amerigo Benci）也跟朋友的女奴生了一个孩子，然后
又娶了一个更年轻的女人，那个女人后来为他生了八个孩子。再后
来，他年轻的妻子去世了，他又和自己的女奴再生了一个孩子，这
个孩子的名字也叫玛利亚。本奇是一个虔诚的教徒，也是一个出色
的会计师，他是科西莫领导下美第奇银行取得巨大商业成功的主要
功臣。本奇后来花费了他在美第奇银行供职过程中积累的大量财富，
修复了一个由隐居修女组成的修道院（被称为穆拉里修道院，即有
围墙的修道院），这位子嗣众多的男人希望死后能葬在修道院的祭坛
前。与此同时，我们再也没有科西莫的玛德莱娜的消息了。在科西
莫 1457 年的一份纳税申报单中，那时年迈的银行家申报拥有四名奴

隶，但没有提及他们的姓名和性别，只有他们的总价值——120弗罗林。

15世纪到意大利旅游的外国游客经常会提到意大利的两个特点：每个人都有私生子，每个人都非常注重礼仪。在访问外国宫廷时，意大利人注意到，无论君主是否值得效忠，他们的臣民都会盲目愚忠，但臣民的行为却极为粗鄙。臣子们可以肆无忌惮地在法国国王面前吃零食、打牌。德国人的行为更加粗野！他们的饮食礼仪粗野到可怕。意大利人则完全相反，他们对待自己的上级，嘴上常说，我的生命就是为您服务的，我活着就是为了听命于您，但背叛上司却成了家常便饭，他们当面卑躬屈膝，背后猛捅刀子。

历史学家雅各布·布克哈特认为，私生子的泛滥与意大利王朝秩序的普遍崩溃有关。唯一重要的是权力，有钱人可以用现金购买教皇对非婚生子女的合法认可。这合理吗？也许正是由于秩序的缺失和无政府状态的持续威胁，礼仪和跪拜才变得如此重要。它们赋予生活一种形式，尽管只是表面上如此。这一时期的所有艺术，包括文学和绘画，所有想象力向形式妥协，对精确核算的痴迷，关于什么可以穿、什么不可以穿的无休止的规定，大量的书信、编年史、反思和回忆录的涌现，在某种程度上，都可以被看作对日益加剧的社会秩序混乱的一种反应。在壁画中，人群或战争场面变得有形、可控、美丽，不再那么可怕。弗朗切斯科·斯福尔扎（Francesco Sforza）是一个私生子，在科西莫的资助下，他一路爬到了米兰公爵的高位，其对宫廷礼仪异常重视。甚至在他的妻子成为公爵夫人之前，弗朗切斯科就坚持让人们称她为"illustrissima"（尊贵的夫人），尽管她也是个私生子。

不过，除了这种礼仪哑剧之外，意大利人还有一种至今仍在延续的习惯，那就是在充满风险的生活中寻找一个庇护者，这与守护神并无不同，他会代表你向当权者——例如税吏和牧师——求情。1420年之后不久，美第奇家族的科西莫就成了这样一个人物，他是佛罗伦萨各大家族的中心，这些家族会给他写信"科西莫，你是我们在人间的上帝"，或者在诗歌中称他为"所有生活在贫困中的人的唯一避难所"。与此同时，美第奇银行不断扩张，乔瓦尼·达梅里戈·本奇被派往日内瓦，在那里举办的大型国际交易会上做生意，而佛罗伦萨则处于战争之中。

事实上，至少在本书的前半部分——也就是15世纪50年代中期之前——你可以认为佛罗伦萨一直处于战争之中，但这些战争对大多数人带来的影响，几乎比我们印象中任何其他战争都要小。要理解这一奇怪的现象，以及它如何深刻地改变了美第奇银行的性质及其创始家族的命运（因为任何商业组织都不是生活在真空中的），我们必须稍微解释一下15世纪早期意大利的状况。

简单说，这个时期的意大利乱成一锅粥。由于这个国家被分割成许多很小，甚至可以说微小的邦国，历史学家喜欢说这个时期的意大利这个名字"只不过是一种地理表达"。这种说法大错特错。意大利人完全知道他们有着共同的历史、宗教、文化和语言（尽管方言有所不同）。因此，他们当然意识到可能会有人企图统一这个国家，就像曾经在罗马帝国时代一样，完成亚平宁的统一，但这正是许多意大利人所害怕的。他们在本乡本土团结一致，以避免在国家层面出现统一。在意大利，群体认同和社区自豪在很大程度上是城市层面的事情，直到现在仍然如此。

让我们抛开"靴子"的形象（意大利在地图上像个靴子），而把意大利想象成一个顶着倒置的等边三角形的圆柱体。圆柱体四面环海，多为山地，三角形大体平坦，但北面被阿尔卑斯山阻隔。意大利权力的游戏中有五个主要角色：圆柱体下部是那不勒斯王国；中间是罗马城和教皇国；圆柱体和三角形的交汇处是佛罗伦萨；三角形左上方是米兰；右上方是威尼斯。在这些"大国"之间，还分布着许多"小国"，它们就像电脑游戏中的金币一样，任由掠夺者吞食。

这五个"大国"都是天生的帝国主义者，因为征服新领土会给它们的领袖们增添合法性的光环。胜利者总是对的。威尼斯的海外殖民地这时大多被猖獗的土耳其人所夺取，所以威尼斯人正寻求在北意大利平原（维罗纳、布雷西亚）和亚得里亚海沿岸（费拉拉、福里、里米尼）扩张。意识到北方的法国的广袤，米兰的菲利波·维斯康蒂（Filippo Visconti）公爵把目光投向了西部港口热那亚以及南部和东部的其他城镇，作为一种平衡力量。这位公爵贪婪无度，固执不改，他的标志是一条吞噬儿童的蛇。尽管佛罗伦萨发表了中立和平宣言，但最近他们占领了阿雷佐、比萨和科尔托纳，并以10万弗罗林购买了里窝那以确保通往海洋的出口。现在佛罗伦萨人想要卢卡，也许日后还想吞并锡耶纳。

在罗马，如果教皇马丁能够真正控制他在圆柱体东侧亚得里亚海沿岸动荡不安的小附庸城邦，他就会很高兴。像其他公爵或王子一样，他亲自参与军事行动，他的军队指挥官大多是主教。请不要笑，就像独身的誓言不会阻止一个主教生儿育女一样，教袍和十字架也不会阻止他们在战场上大显身手。在南方，那不勒斯由法国安茹家族（Angevins）控制，其家族成员也是普罗旺斯的伯爵。自然，他们渴望从那不勒斯向北扩张，并梦想最终与他们的法国属地连接起来。热那亚港位于两国之间，似乎是合适的跳板，不过他们得抢在米兰的维斯康蒂公爵之前拿到热那亚港的控制权。但与此同时，安茹家族对那不勒斯王国的统治权也受到了已经控制了西西里岛的西班牙阿拉贡王室的争夺，双方经常发生小规模的冲突。

　　在这种多头力量博弈的情况下，无休止地重复着同一个模式：五大国之一——比如米兰——攻击一个或多个独立的小城镇。军事胜利不可避免地引起了其他主要国家的怀疑，其中另两个强权——比如佛罗伦萨和威尼斯——结成了联盟。当米兰的下一个受害者发出求救信号时，盟军随即加入战局。他们也攻占了几个城镇，但随后盟军内部也开始互相猜疑。米兰直接进攻佛罗伦萨，围魏救赵以减轻其他地方的攻势。威尼斯人向西攻占维罗纳和布雷西亚。教皇沿着亚平宁山脉向东冲锋，希望在大家忙于其他战事而无暇顾及时平定几个叛乱城镇。那不勒斯也不甘寂寞，开始向北进军。那不勒斯人是选择帮忙还是趁火打劫呢？没人知道。一切都在快速变化之中。一切都可以巧取豪夺。

　　仅是如此吗？显然不是。罗马在五大国中有着特殊的地位。教皇不仅是一个君王，他还是上帝在人间的代理人。如果受到严重威胁，教皇可以像14世纪惩罚佛罗伦萨时所做的那样，下达教廷禁令。

然后，神父们不会为你举行婚礼，也不会为你施行临终礼仪或安顿你的亡灵。没有仪式，世界就会停滞不前。罗马，除了少数时期，比如安茹家族癫狂暴乱或罗马内部的共和派叛乱时，是不可触碰的。

除了米兰公爵短暂的痴心妄想之外，米兰、威尼斯和佛罗伦萨实际上并不认为他们能征服并吞并其他国家，因为那样会激起剩下的国家组成一个不可阻挡的强大联盟来对付他们。这些战争开始时，进攻者信念坚定，战争目标清晰明确，但战争开始之后，情况就马上变得复杂起来。在巨大的消耗中，交战双方很快丧失了信念。军队在困惑中陷入僵局，无所适从。冬天来临，人们又累又冷。最终，他们达成了和平协议，战前的局面并没有什么太大的改变，也许一方或多或少地多占一两个城堡。即使侥幸攻占了大城市，征服者也很少能够将其纳入版图。例如，1406 年被征服的比萨人并不享有佛罗伦萨公民的权利。比萨是一个被征服城市，像一头被挤奶的奶牛、一个出海口。因此，一旦形势发生有利的变化，比萨人就会寻求反叛。大家都是囫囵吞枣，总也不能把吞下的果实消化掉。权力的游戏总是重新开始。

马基雅维利在 15 世纪 20 年代回顾了这段历史，他感到非常厌恶："不能称那种互相攻击的君主国为和平；然而这也不能称之为战争，因为人们不会被杀害，城市不会被洗劫，君主国也不会被摧毁。因为这些战争变得如此软弱，开始时没有恐惧，进行时没有危险，结束时没有损失。"他所说的"没有损失"指的是人口和领土的损失。但是无法避免地会损失巨额的金钱。这就是美第奇家族出现的原因。即使战争变得最像一场竞技运动，即使战争变得总是毫无结果，战争的价码总是无比高昂。战争永不终结，源源不断的金钱供应就变得至关重要。

如何才能解释为什么只有很少人丧生呢？马基雅维利认为，这是因为有关国家倾向于使用被称为"秃鹰"（condottieri）的雇佣军。作为腐朽的封建制度的副产品，"秃鹰"是拥有私人军队的军阀。许多小城镇和城堡的主人发现，出租自己的军事力量是保持收支平衡和主权独立的唯一途径。如果一支雇佣军没有作为根据地的城镇，他会毫无顾忌地占领一个。军队需要根据地，对于雇佣军的雇主而言，一个好处是在宣战时减少有本国公民战死的风险。公民们可以照常生产生活，不受影响。此外，他们也不必担心自己军队里的某个临时指挥官会试图发动政变。对一个脆弱的国家来说，最不需要的就是一些土生土长、魅力十足的军事领导人。

与欧洲其他国家相比，意大利人的战争技艺更为先进，因此他们的佣兵在其他国家非常受欢迎。这些佣兵将挣到的钱存在他们钟爱的意大利银行——布鲁日或日内瓦，并将钱汇回家。然而，由于没仗打的雇佣军就没钱收，因此他们的缺点也特别显著，这帮受雇于不同主顾的雇佣军总是彼此相熟，而且从来不把"工作做完"（指取得大胜，结束战争），这点在意大利尤其明显。马基雅维利抱怨："击败敌人之后，既不抓俘虏，也不追杀败兵。"这样，战斗被人为地暂停了，直到率领佣兵的将领们搞到新的武器和马匹重新整军。这当然意味着要花费大量金钱。更不用说，即使输了，雇佣军仍然会索要军饷。而当雇佣军获胜时，他们习惯于将所有战利品据为己有。事实上，从某种意义上说，如果使用雇佣军打仗，即使赢了也是输。1427 年，佛罗伦萨在五年的战争中耗费了 300 万弗罗林的巨额资金，陷入了一场经济危机，这场危机使佛罗伦萨一直阴霾不定的政治局势变得一目了然。主政的阿尔比齐家族派系急于加税，而富可敌国的美第奇家族虽未提出任何建议，却已成为民众不满情绪的核心。

一个国家发动战争的能力在很大程度上取决于其人民纳税的意愿高低，这是不争的事实。1453 年君士坦丁堡最终沦陷后，苏丹穆罕默德二世向君士坦丁堡的首席大臣询问道："这些财富是用来做什么的？"一栋又一栋被土耳其人洗劫的房子里，充斥着为避免交税而藏匿的财宝。"它们现在有什么用？"（指不缴纳税款最后财富反倒被敌人全部夺走。）首席大臣羞愧地垂下了头。科西莫·美第奇喜欢说："为了自由，任何代价都不为过。"他这么说可能是出于真心，但在征收财富税时，他却命令银行主管们开立假账户，以减少税额。历史学家雷蒙德·德·鲁佛遗憾地说："大多数时候，纳税申报单完全没法用于统计（指逃税猖獗，假账横行）。"

1424 年，佛罗伦萨在扎贡纳拉惨败给米兰军队后不久，阿诺河南岸的圣玛利卡米内教堂的一个小礼拜堂的墙壁上开始出现一系列非同寻常的壁画。马萨乔（Masaccio）的《贡品钱》（*The Tribute Money*）表现的是耶稣和他的门徒在进入一个湖边小镇时受到税吏的质询。耶稣做了一个命令的手势。作为回应，画面左侧的渔夫彼得（Peter）从一条浮在水边的鱼的嘴里慷慨地取出一枚金币；画面右侧，同一个门徒已经将金币付给了税吏。这幅画告诉我们，就连耶稣也要缴税，就连教堂也不例外。快点交钱，人人如此！在另一面墙上，描绘了早期的基督徒们以集体的精神分享着他们的财富，但有人脸朝下躺在泥土里。这个名叫亚拿尼亚（Ananias）的信徒在信徒们共享财富时，没有如实说出他卖掉自己家财时得到的金额，而是为自己保留了一点"私房钱"，上帝因此发怒劈死了他。富裕的丝绸商人菲利斯·布兰卡奇（Felice Brancacci）委托建造了这座美丽的小教堂，讽刺的是，他本人也是一个逃税大户。和科西莫一样，他也隐匿了很多财产。毕竟并非所有人都能从鱼嘴里找到金币，而被上帝劈死的情况也很罕见。

我想没有比马基雅维利的《佛罗伦萨史》（*Florentine Histories*）更好的意大利历史和政治的入门读物了，尽管书中大部分内容可能不甚准确且抱有偏见。重要的是其中所体现的思维方式。阅读几页描述如何巧妙地掩盖在高尚修辞之下的曲折的阴谋诡计，引人入胜。看来，"传播专家"（spin doctor，特指竞选运动所雇的媒体顾问或政治顾问）的概念古已有之。对于每一项外交政策，15 世纪的意大利人都会考虑其效用（utile），即实际利益，以及其效果（riputazione），即如何以最好的方式呈现。就像马基雅维利所说，教皇——也可以是总督或者米兰公爵——的外交书信多得能够填满整个意大利。他们用这些汗牛充栋的书信，辩解自己为什么又改换门庭支持另外一方，或者为什么自己坐视陷入困境的盟友而不伸出援手，或者他们的突然袭击是"为自由而战"的正义之举。"书信多得能够填满整个意大利"成了《佛罗伦萨史》中经常出现的一句话。这句话用在谁身上，你就知道谁是个满嘴跑火车的大骗子。

但如果读过三四十页马基雅维利的著作，读者就会觉得有点乏味。战争、背叛和阴谋，总是千篇一律。就连作者本人也感到厌倦了。"当这些事情在伦巴第苦苦进行的时候，"他顽强地另起段落，"当这场战争在马尔凯无果而终的时候……"读者们会想：我还需要继续读下去吗？答案是：是的。因为在阅读这 360 页巨著的某个时刻，读者会被一种眩晕感，一种对背叛、欺骗、浪费的聪明才智和无尽的贪婪的妄想所淹没，这就是这本书的核心观点。这世界上唯一绝对的事情，就是没有什么事情是绝对的。人们似乎对背叛和复杂的诡计乐此不疲，似乎这种恶行是一种层出不穷的新奇事物。然而，尽管战斗和阴谋一波三折、变化无穷，但在更深层次上，一切似乎都没有真正改变过。那不勒斯、罗马、佛罗伦萨、威尼斯和米兰从 15 世纪初到 15 世纪末一直分立四方。至于其他小国，每次新的军事行动都只是万花筒的又一次摇晃。没有什么普适的范式。以下是 1420 年到 1434 年间科西莫·美第奇从成功的银行家到政治流亡者，再到不可或缺的领袖所经历的事件，曲折得不像是真实发生的历史。

当漂亮的奴隶玛德莱娜在罗马给科西莫带来切尔克斯（高加索的一个部落）式的欢愉，他的老爹乔瓦尼则在日内瓦建立了美第奇家族的首个阿尔卑斯山以北的分行，米兰公爵菲利波·维斯康蒂当时正在进攻热那亚。为了避免佛罗伦萨的干涉，米兰公爵提前签订了一份和约，确立了双方的势力范围：伦巴第和热那亚归米兰，托斯卡纳归佛罗伦萨。公爵最终成功占领了东北部的布雷西亚和西南部的热那亚。但突然之间，他的军队又出现在东面的博洛尼亚，又卷入了亚得里亚海沿岸的城市——福尔利（Forli）的继承争端。佛罗伦萨人害怕被米兰包围，于是他们增加征税并雇佣了雇佣军。佛

马萨乔的《贡品钱》（圣玛利卡米内教堂的布兰卡奇礼拜堂）。基督耶稣下令时，左边的彼得从一条鱼嘴里取出一枚金币，右侧的门徒其将其递给了城门口的税吏。在 15 世纪的佛罗伦萨，逃税现象非常普遍。

罗伦萨和米兰的和平条约名存实亡。

虽然有人说佛罗伦萨总是喜欢参与纷争，但必须明白的是，米兰公爵大权独揽，可以迅速地做出决定，而佛罗伦萨人却是共和体制，不同派系会争论不休，决策拖上几天甚至几周。占主导地位的阿尔比齐家族支持跟米兰开战，乔瓦尼·迪·比奇则坚决反对。教皇马丁刚刚授予乔瓦尼·迪·比奇蒙特维德（佛罗伦萨南部的一座城堡）伯爵的殊荣，这无疑是马丁教皇对美第奇家族提供巨额贷款的回报。但乔瓦尼拒绝了这个头衔。因为根据佛罗伦萨法律，有爵位的贵族及其家人不得担任政府职务。美第奇家族借这件事明确了他们不会放弃在政府中的地位。由于战争的成本主要落在平民身上——在 15 世纪的佛罗伦萨，平民指的是小工匠、羊毛工人、店主等——乔瓦尼的反战立场大受欢迎。

米兰公爵和他的雇佣军占领了佛罗伦萨以东的小城福尔利和伊莫拉，佛罗伦萨人则立刻反攻福尔利。为了解除福尔利的围困，米兰进攻扎贡纳拉。这座小城被佛罗伦萨人视为自家祖产，因为其距离佛罗伦萨本城很近。于是佛罗伦萨人放弃围攻福尔利，向扎贡纳拉进发。此时天降大雨，士兵们在厚厚的泥泞中行军数小时，到达目的地时已溃不成军，被米兰军队轻易击败，数千匹战马损失殆尽。"尽管这场惨败闻名于整个意大利，除了路多维科·德利·奥比齐（Ludovico degli Obizzii）和他的两个部下从马上摔下来淹死在泥浆中外，竟然没有一个人死亡。"马基雅维利如此说道。

并非所有雇佣军军阀都是一样的。就像运动员一样，有普通球员，也有明星球员。吃了败仗的佛罗伦萨人开始认真起来，聘请了尼科尔·皮奇尼诺（Niccol Piccinino）。他的队伍身价不菲。刚刚增加的税率必须再次提高。这一次，他们开始瞄上富人，虽然这并不是原计划的一部分。"富裕的家庭痛苦地发现，他们第一次无法在不付出代价的情况下进行战争。"马基雅维利在谈到富裕家庭被增税时说。为了使增税失去民众支持，从而撤销对富人的增税，某些有钱有势的公民坚持以最严厉的方式征收税金。追缴税金时被杀的人比在扎贡纳拉被杀的人还多。形势开始混乱起来，阿尔比齐家族担心他们对政府的控制力正在削弱，于是开始策划政变，将政府权力限制在最有权势的家族内部。但乔瓦尼·迪·比奇拒绝参与这一计划，他的退出让这一阴谋在开始之前就胎死腹中，美第奇家族的这一操作，让他们在平民中更受欢迎。与此同时，米兰攻占了佛罗伦萨城东罗马涅地区的所有城堡和前哨。形势危急到令人绝望。身价不菲的皮奇尼诺和他的队伍被派去"说服"附近的佛罗伦萨的前盟友法恩扎领主与他们一起对抗米兰。相反，法恩扎却与皮奇尼诺的队伍兵刃相向，尽管皮奇尼诺是雇佣军中的大明星，但法恩扎还是击败并俘虏了他。被俘的皮奇尼诺并不气馁，他在囚笼之中仍然设法说服了法恩扎的领主，令他们最终还是加入了佛罗伦萨一方。不得不感叹，雄辩是一种异常有效的武器。然而，被释放之后，皮奇尼诺自己却改变了阵营，去为米兰的维斯康蒂公爵作战，因为维斯康蒂给了他更多的钱。钱显然是更有效的武器。应该说，军事行动的冬歇期往往就像一个"套利"的转会市场，转会费总是不断上涨。一些雇佣兵在美第奇银行或其他银行开设自己的存款账户。如果别人能够轻易夺取你的战利品，实物财产又有何意义呢？而银行账户里的虚拟金钱则是敌人难及之处。战争与商业之间的界线越来越模糊。

正如马基雅维利所说："佛罗伦萨人对他们频繁的失利感到迷茫困惑。"他们之后采取了一个反复出现的经典的策略——向威尼斯人求助。威尼斯人犹豫不决，他们不确定自己偏爱的雇佣军将军弗朗切斯科·卡尔米尼奥拉（Francesco Carmignuola）是否与皮奇尼诺一起投奔了米兰一方。但当维斯康蒂公爵试图毒死卡米尼奥拉这件事曝光时，证明他还是对威尼斯忠心耿耿，于是佛罗伦萨和威尼斯完成了他们的交易。世界再次被一厢情愿地瓜分：伦巴第的最终利益将归属威尼斯，罗马涅和托斯卡纳则归属佛罗伦萨。从毒杀未遂中恢复过来的卡尔米尼奥拉情绪激愤，他率军占领了北方平原正中的布雷西亚，这对威尼斯来说是一个巨大的战利品，但佛罗伦萨人对此并没有和他们的新盟友一样高兴。

到了 1426 年，佛罗伦萨的国库再次空虚，城市债务不断攀升。由于政府掌握在赚弗罗林金币的人手中，那么社会的运行方式就是赚皮乔利银币的人最终承担大部分税收，他们的人数更多。与富人相比，他们缴纳的税款占其财富的比例更大，这就阻止了他们从社会天梯上往上爬，阶级秩序得以维持。一个世纪前，在共和国初期的理想主义时代，曾试图实行按比例征收直接税（根据收入和财产交税，对应的间接税指根据交易交税），但现在大多数税收都是间接税。拎一桶鱼进城，就得交税；运一车麦子到磨坊，也要被征税。城墙可不仅仅是为了阻挡进攻的敌人。就像马萨乔的《贡品钱》一样，收税员就等在城门口。别想把鹅藏在斗篷下，因为他会仔细搜身的！

但这还不够。虽然有很多赚皮乔利银币的小户人家，但我们记得，80 或 90 个穷人才能挣到一个弗罗林金币，而支付一支雇佣军的军饷则需要数千弗罗林。在 13 世纪和 14 世纪，由于富人实在不愿意支出任何东西，当时的政府尝试了向富人借款。商人或银行家将一大笔钱存入国库，就能收取可观的利息（或者为了应付神父们，利息换为礼物）作为回报。官方公布的利率仅为 5%，但作为借钱给政府的激励，你每借出 100 弗罗林就可以得到面值为 300 弗罗林的债券。所以实际上利息高到 15%。平民们所缴的名目繁多的间接税，盐税、鸡蛋税、肉类税、酒税、脂肪和油类税，实际上在支付那些在几年前借款给政府的上等人们的利息。这个办法很有趣，但长久看来是行不通的。14 世纪中期，公共债务到了必须整顿的时候了。政府宣布从那时开始，对政府的借款只有在政府有盈余的时候，以预算可承担的利率支付利息。结果，那些向政府借款的有钱人大失所望，他们开始把债券卖给那些可以熬到政府付息的投机商人。多明我会（Dominican order，译为"多米尼克派"，天主教托钵修会主要派别之一。）说这种给政府借钱的做法算是（可以下地狱的）放贷行为，方济会则说不是。如果不是为了征求第二种意见，天主教为什么要有不同的修会呢？

15 世纪初，美第奇银行的佛罗伦萨分行成为债券的主要交易商，到 1426 年，这些债券的交易价格仅为其面值的 20% 到 35%。很明显，政府支付利息的可能性现在被认为是非常渺茫的。人们自愿借钱给政府的时代已经一去不复返了。政府确实尝试过通过强制而非自愿的方式摊派国债。政府采用的诀窍是，如果借款人同意不收取任何利息，那么借款人被强制购买的国债金额就会大大减少。但最终，这些权宜之计还是无法维持。当人们选择支付更多借款给政府但索要利息时，政府无力还本付息。当人们选择更便宜的方式，不要利息但减少借款额时，政府的收入又不够了。现在，从老百姓身上榨不出更多的钱了。人们正在挨饿，是时候让富人付出代价了。

当时，操纵着佛罗伦萨共和国政府的是两个人：一个是富裕的大地主家族的族长里纳尔多·德利·阿尔比齐（Rinaldo degli Albizzi），另一个是德高望重、年事已高的尼科尔·达·乌扎诺（Niccol da Uzzano）。他们共同推出了所谓的"登记册制度"。佛罗伦萨的每个家庭每三年都要提交一份申报单，列出所有财产、投资和收入。登记册允许扣除一些必需费用，以实物形式支付租金的佃农耕种的土地价值也会通过复杂的计算折现。对于每份申报单，都会确定一个所谓的"超支额度"（sovrabbondanza，即超出生存所需财产的金额），当政府需要钱时，就会向所有人征收该金额 0.5% 的税。如果每年只征收一次，这笔钱还不算太多，但实际上一年可能要征收两次，甚至三次。1427 年，有 10 171 个家庭进行了申报，其中 2 924 个家庭因贫困而免缴任何税款。

穷人激动不已。政府终于根据支付能力按比例征税了！但大地主们抱怨说，他们拥有许多不动产，但并不意味着他们有足够的流动资金、足够的弗罗林金币来支付税款。许多地主确实不得不出售部分土地来支付所要求的税款。而且，商人们还对必须申报流动资产感到愤怒。他们指出，现金今天在这里，明天就会到别处，而且很容易隐藏。法律只会鼓励逃税和资本外逃（比如通过美第奇银行设立保密账户），同时阻碍本地投资。这项法律一经颁布，几乎所有佛罗伦萨商人都开始搞虚假申报。一位丝绸商人的会计在一些伪造账簿的开头讽刺地写道："为了税官的爱。"一位美第奇银行的董事用三个假名隐藏自己在银行里的投资。

在 1427 年的第一次申报中，科西莫·美第奇申报拥有两家将原毛加工成布匹的工厂。这两家工厂分别于 1402 年和 1408 年开业，雇佣的员工比银行要多得多，但却从未真正盈利。它们的作用是让美第奇家族在社会中扮演更稳固、更明显的角色。毕竟，佛罗伦萨是一个以纺织为主的城市。工厂生产的是人们看得见、摸得着、穿得上的东西，工厂还雇佣了大量穷人。1433 年，美第奇家族又增加了一家丝绸厂。

美第奇家族还申报在北边城外的卡雷吉拥有一座庄园，在穆杰罗（Mugello）低山以北数千米处的特雷比奥拥有另一座被高墙深沟围绕的坚固庄园，该家族还在那里拥有大量农田，并雇佣了许多穷人，也许"骨子里"就是一支私人军队。事实上，是时候停止将美第奇家族仅仅视为一个家族或一家银行了。科西莫的大表哥阿韦拉多·迪·弗朗切斯科·德·美第奇（Averardo di Francesco de' Medici）申报拥有特雷比奥附近另一座坚固的庄园——卡法焦洛。这个大家族控制着附近斯卡佩里亚、博尔戈圣洛伦佐和马拉迪等城镇的主要官员的任命。这些城镇的教堂里都有美第奇家族专属的礼拜堂。阿韦拉多还拥有一家银行，不过规模没有科西莫的大。阿韦拉多在 1427 年的申报中称，其所拥有的银行的罗马分行正在遭受亏损。不过这很有可能只是为避税编出来的谎话。

阿韦拉多与一位巴尔迪家族的人合伙，后者在罗马分行为他打理事务。科西莫在 1420 年接管美第奇家族的各家银行后，将伊拉里奥内·德·巴尔迪从罗马调到佛罗伦萨担任银行新的总经理，让巴尔迪的一个远房表亲巴托洛梅奥（Bartolomeo）接管罗马的业务。这些人都是向银行实际出资的合伙人。巴托洛梅奥的兄弟乌伯蒂诺（Ubertino）在伦敦经营另一家银行，经常充当美第奇银行在英国的代理行。

然后是波尔蒂纳里（Portinari）家族。同样在 1420 年，科西莫解雇了佛罗伦萨分行的负责人，取而代之的是福尔科·达多瓦多·迪·波尔蒂纳里（Folco d'Adovardo di Portinari），他是威尼斯分行负责人乔瓦尼·达多瓦多·波尔蒂纳里（Giovanni d'Adovardo Portinari）的兄弟。这两人跟大文豪但丁还有点血缘关系，是但丁弟弟比阿特丽斯·波尔蒂纳里（Beatvlce Portinari）的曾孙。

至此，三个强大的佛罗伦萨古老家族——美第奇家族、巴尔迪家族和波尔蒂纳里家族——通过美第奇银行紧紧地联系在了一起。如果算上科西莫的弟弟洛伦佐与卡瓦尔坎蒂（Cavalcanti）的婚姻，实际上是四个家族。洛伦佐本人也是银行的董事之一。这不仅仅是一家金融机构，它还是一个政治实体，一个大宗族，甚至是一个政党。在佛罗伦萨这座城市里，组建政党被视为叛国。根据法律，在这个全意大利最分裂的城市里，却不允许有公开的拉帮结派，政治竞选活动被全面禁止。政府在当时甚至还禁止各种宗教团体集会。所有的鞭打（天主教某些派别以鞭打自身洗刷自身的"罪"）、唱圣歌和对上帝的赞美都被视为政治阴谋的幌子。

听到富人们的抱怨，平民们更加欣喜若狂，他们甚至开始要求将新税制追溯应用。他们抱怨说，我们交重税交了几个世纪，交得太久了。他们向乔瓦尼·迪·比奇寻求支持。他警告他们说，要求太多是错误的。乔瓦尼善于扮演睿智的和事佬，善于化解危机，善于八面玲珑——富人和穷人都站在他一边。在他佝偻的脊梁之后，少壮的科西莫和阿韦拉多则时刻保持警觉并随时准备行动。

与此同时，教皇终于促成了佛罗伦萨、米兰和威尼斯之间的和平条约。米兰维斯康蒂公爵签署和约的墨迹未干，就再次发动战争，结果在布雷西亚附近的麦克洛迪奥（Maclodio）被威尼斯雇佣的卡米尼奥拉击败。很明显，整场战争的转折点就是米兰公爵当初没能毒死那个雇佣军头子。当 1428 年几方最终达成和平时，威尼斯人得到了布雷西亚和贝加莫——这对他们来说是向西扩张的一次飞跃，而佛罗伦萨只不过象征性地恢复了他们失去的一些微不足道的土地。他们没有获得任何新的领土来偿还巨额的战争债务。

也许正是这种挫败促使佛罗伦萨在接下来的五年里采取了疯狂的政策。无论如何，乔瓦尼·迪·比奇选择了一个很好的时机驾鹤西游。其 1429 年离开人世的时候，是当时难得的和平时期。30 名家族成员（均为男性）跟随灵柩，还有一长串的官员、大使、借款人和大金主。他被安葬在圣洛伦佐教堂，距离佛罗伦萨圣母百花大教堂仅一箭之遥，圣堂是他委托伟大的布鲁内莱斯基建造的。后来，科西莫让多纳泰罗重新装饰了这个最优雅的圣堂。在圣堂的四个角落挂上了盾牌，盾牌在金色底色上描绘了八个红球，这是美第奇家族的徽章，代表着未来之事。从"现在"起，圣洛伦佐教堂将成为美第奇的家族教堂。

　　马基雅维利指出："外部实现了和平，内部又开始了争斗。"这似乎是合乎逻辑的必然。人们仍在为财富税而纷争不休。商人们愤怒地喊道：这是歧视！我们的账簿正在被政府检查员检查，而这些检查员实际上是为竞争对手公司工作的。和往常一样，富人们的策略是让新的税收如此残酷而广泛地征收，以达到反对新税的人成倍增加的效果。商人们抱怨说，他们还必须登记所有外围城镇的财产，必须登记每一台织布机、每一个磨坊。

　　政府中有些人认为扩大税收范围并不是一个坏主意。佛罗伦萨人善于官僚主义，这就是为什么我们现在有如此多这座城市的历史记录。于是，将所有外围城镇纳入纳税登记册的工作开始了。为了表示抗议，一个由十八人组成的代表团从沃尔特拉小镇赶来。他们抗议说实在是交不起税了，但他们随即被逮捕。获释后，其中一人回到了沃尔特拉并发动了叛乱。尼科尔·福尔特布拉齐奥（Niccol Fortebraccio），一个已经失业的雇佣兵头目，受雇前去平息事态。在他和他的雇佣兵到达之前，沃尔特拉人已经自行镇压了叛军，小镇再次落入佛罗伦萨人手中。但难得接到一个任务的福尔特布拉齐奥不想再次失业。1429 年 11 月，他进军佛罗伦萨西北部的卢卡领地，主动出击，攻占了几个小城堡。突然间，佛罗伦萨人一致决定，攻占卢卡城是绝对必要的，富裕的卢卡将是他们对过去七年灾难的补偿。像往常一样，一旦发生战争，佛罗伦萨就会成立一个十人委员会来决定军事战略，即所谓的"战争十人会"。现在，美第奇家族无可争议的族长科西莫也在其中。

　　在科西莫掌权的这段关键岁月里，笼罩着一层模糊不清的阴云。不过话说回来，与他有关的一切事情都笼罩着迷雾：银行业务、他对艺术的赞助、他与奴隶的关系以及他的外交政策。马基雅维利记录显示，当里纳尔多·德利·阿尔比齐建议其他大家族除掉科西莫时，当时已经老朽的乌扎诺指出了这将是多么困难："科西莫的所作所为让我们对他产生了怀疑，他用自己的钱帮助所有人，不仅包括个人，还有国家，不仅包括佛罗伦萨人，还有雇佣军；他向各种需要帮助的公民伸出援手；凭借他在大众中获得的普遍支持，他把各种各样的朋友推上了高位。"

　　乌扎诺真的说过这些话吗？马基雅维利受命为后来的美第奇家族撰写《佛罗伦萨史》，他在写给朋友的信中承认，他无法坦诚地说"一个人（科西莫）是通过什么手段和技巧达到如此高位的"。因此，"我自己不想说的，就由他（科西莫）的对手来说"。他让乌扎诺得出结论："所以我们必须把他仁慈、乐于助人、开明、受人爱戴作为赶走他的理由。（这是多么困难的事情）"在这个缺钱的城市里，科西莫几年来一直在利用他的财富来凝聚政治共识，他的目的是什么呢？

　　"除非他们掌控了政权，否则富人很难在佛罗伦萨生活。"科西莫的孙子洛伦佐如是说。言下之意是，如果你不控制国家，国家就会毁了你。你将成为惩罚性税收的对象，其目的就是没收你的财富。但这只是一个单纯的借口吗？美第奇家族有可能经营一家利润丰厚的银行，还能置身于政府之外吗？在罗马或米兰，也许可以。在专制者的阴影下，权力的天花板不太高。若是敢反复催促一位王子偿还欠款，他就会逮捕你。催促教皇还款，教皇会将你逐出教会。即使在共和时代的威尼斯，总督也是终身制。你无法取代专制者的位置，因此你也很难让人畏惧。

但佛罗伦萨是不是这样运作的：为了防止有人成为专制暴君，城市每两个月选举一次新政府，新政府由八名城市首长和一名正义旗手组成。为了防止党派之间的选举活动造成分裂，可能当选首长的候选人，即符合一定经济和家庭条件要求的人的名字被写在标签上，然后放进代表城镇不同区域和不同行会的一系列皮革袋中。再随机抽取九个名字，在七个富人行会中抽选六名，十四个工匠行会中抽选两名，还有一名总是从富人行会中抽选出的男子将成为 **gonfaloniere della giustizia**（正义旗手，即司法总督/政府首脑）。也就是说，为了不让一个人专治，每个人都有机会执政，或者至少是最富有阶层的每个人，但这种执政非常短暂。这是一个理想主义的解决方案，但在决定长期政策时却很不实际。

在长达两个月的时间里，九位很可能彼此意见不合，而且对于长时间荒废自己生意感到担忧的人不得不住在一起（被人细致入微地伺候着），一同管理着这座城市。他们不得离开自己的岗位。统治者必须被视为公仆，这就是宪法的精神。但是，这些人不可避免地都是临时的、毫无准备的——在上任的一周前，谁能知道自己会不会被抽中为城市首长呢？因此他们总是倾向于为自己家族和派系的当权者马首是瞻。

实际的情况很复杂，选出的首长也不是盲目服从。这个机制很微妙，任何小事都有可能打破平衡，尤其是现在有些人开始感觉到阿尔比齐家族专权的时代即将结束，把美第奇家族视为阿尔比齐家族的替代品。因此在每一次新的政府任期中，一些首长可能服从一方，而另一些则服从另一方。虽然过去几十年来阿尔比齐家族一直成功地掌控着这座城市，但由于在对抗米兰的战争中积累的巨额债务，政局现在出现了严重的问题，人们对现状很不满意，权力斗争一触即发。也许美第奇家族本可以置身事外，但他们的巨额财富吸引了人们的持续关注。民主依赖于共识，共识依赖于说服力。还有什么比金钱更具说服力呢？一个成功的银行家甚至不用开口，人们就会蜂拥而至。如果你给我多一点时间来偿还这笔贷款，我就会支持你。如果你能给我儿子找一份工作，我就会和城市首长们谈谈你的税务问题。也许这就是我们不喜欢银行财富的核心所在：我们害怕自己会被收买，我们确信其他人已经被收买，而且许多人迫不及待地想要被收买。尽管有税收和强制贷款，美第奇家族的财富仍在继续增长。也许对于银行来说，财富的增长就意味着政治力量的增长，美第奇家族和阿尔比齐家族之间的冲突似乎不可避免。战争委员会在科西莫的主持下，任命里纳尔多·德利·阿尔比齐为战争专员——也就是跟随指挥官出征的政治人物。家族族长不在城里，美第奇阵营会利用一切机会趁他不在的时候极尽诽谤中伤之能事。

很快，战争步上了错误的轨道，雇佣兵们在卢卡周围的乡村大肆掠夺，以使城市陷于饥荒，他们的行为极其残忍。塞拉维扎的市民来到佛罗伦萨控诉：尽管我们投降了，但我们的教堂被洗劫一空，我们的女儿被残忍强奸。当时并不在塞拉维扎的里纳尔多也受到了指控。有人说，他参与战争只是为了自己的利益，这当然是美第奇家族散播的言论。里纳尔多恼羞成怒，在没有得到命令的情况下擅离职守。建筑师布鲁内莱斯基停下了建造佛罗伦萨主教堂的圆顶的工作，试图通过让塞尔乔河改道来淹没卢卡。卢卡人则修建了一道堤坝来阻挡河水，然后在一天夜里，他们打破了佛罗伦萨人修建的沟渠，淹没了他们扎营的平原。以彼之道还治彼身。

必然地，卢卡的统治者帕戈洛·吉尼吉（Pagolo Guinigi）向米兰维斯康蒂公爵发出了求援信号，维斯康蒂公爵派遣了史上最著名的雇佣兵头子，弗朗切斯科·斯福尔扎。这下轮到佛罗伦萨人感到惶恐了，他们试图用金钱收买斯福尔扎。斯福尔扎拒绝背叛米兰，为佛罗伦萨进攻卢卡——他说，如果背叛，那将是我荣誉上的污点，但为了 5 万威尼斯金币（相当于 5.5 万弗罗林），他同意不出兵保卫卢卡。15 世纪的意大利，如果没有银行家还怎么打仗？为了让卢卡人更容易接受自己的背叛，斯福尔扎帮助卢卡的市民推翻了暴君吉尼吉，转化为共和政体。当家作主之后，卢卡人现在更加踊跃地保家卫国了。现在，共和政体的佛罗伦萨不得不放弃他们那套可悲的说辞了，他们嘴上说发动这场战争是为了打倒暴君，但实际上他们想要的是这座城市和其中的财富。

卢卡再次向米兰的维斯康蒂公爵发出求救信，这次他派来了另一个雇佣兵超级明星尼科尔·皮奇尼诺，这让人怀疑，米兰的资源是无穷无尽的吗？这次佛罗伦萨实在没钱收买他了。这一次，声名在外的皮奇尼诺不负众望，在塞尔奇奥击败了佛罗伦萨人。被击败的佛罗伦萨军队前往比萨避难，正好平息了比萨的叛乱，佛罗伦萨人终于走了一次大运。与此同时，科西莫非常明智地辞去了战争委员会的职务，"给其他人一个机会"。和其他人一样，美第奇家族也支持战争，他们很幸运地没有变成战争失败的背锅侠。人们把战败的责任归咎于里纳尔多·德利·阿尔比齐。与此同时，德高望重的乌扎诺也去世了，这让统治集团失去了一些威严。1433 年，当双方达成一个不甚光彩的和平协议时，佛罗伦萨陷入了激烈的分裂。马基雅维利说："提交到地方法官面前的每一个案件，哪怕是最小的案件，都变成他们（美第奇家族和阿尔比齐家族）之间的争斗。"

有什么合法途径可以解决这场争斗吗？没有。如果一个国家的实权是以非正式的方式存在的（佛罗伦萨表面上还是共和政体），那么任何权力的转移也肯定是非正式的，这就是佛罗伦萨的现代性。与当今的许多民主国家一样，在任命行政长官时，宪法机制只是权力游戏的一半，甚至还不到一半。真正的权力转移发生在法律框架之外。阿尔比齐家族和美第奇家族面临的问题是，一旦他们两家发生真正的冲突，他们的职位的非法性将变得明显。没有人能预知事情将如何发展。也许佛罗伦萨会恢复宪法的尊严，恢复一个真正独立的、随机选择的政府。争斗的两个大家族显然都不希望事情发展到那个地步。

时间站在了美第奇一边，科西莫越来越富有。特别是罗马、威尼斯和日内瓦的分行正在获取丰厚的利润，前者通过收取教会捐款和贡金，另外两个则通过欧洲最繁忙的贸易路线上的汇兑交易。对于病入膏肓、资金匮乏的佛罗伦萨来说，美第奇家族的钱似乎具有神奇的治愈疗效。科西莫一直在消耗佛罗伦萨分行的资金，为佛罗伦萨的战争提供额外的贷款。人们猜想，如果美第奇家族掌权，或许他会更加慷慨。他有足够的资金来照顾这座城市。人们开始用"医生"做双关语，即 Medici·Medico。（"医生"和"美第奇"在意大利语中发音相似。）不光是姓氏，科西莫的全名中包括圣科斯马（St. Cosma），他的孪生兄弟名中则包含圣达米亚诺，这两个都是创造了治愈奇迹的医生圣徒。（科西莫有一个孪生兄弟，名叫达米亚诺，出生时就夭折了。）科西莫作为美第奇家族的领袖，那时已经四十多岁了，而且身体状况相当糟糕，他很清楚里纳尔多·德利·阿尔比齐把他视为最大的威胁。

1433 年 5 月 30 日，科西莫将 1.5 万弗罗林从佛罗伦萨转到威尼斯，将个人持有的价值 1 万弗罗林的政府债券卖给了美第奇银行罗马分行，并将 3 000 威尼斯金币存入圣米尼亚托修道院，又将 5 877 威尼斯金币存入圣马可修道院。多年来，他和他的父亲一直为教会慷慨解囊。当时，神圣与世俗早已经混淆。如果政治局势导致发生银行挤兑，美第奇银行总可以在逝去已久的殉教者号为神迹的骸骨中，或者是基督圣徒的裹尸布里找到可以满足客户提款需求的金币，科西莫可能让客户在取钱时等候太久，这样会失去人们对银行的信心。另外，如果阿尔比齐家族或阿尔比齐控制的佛罗伦萨政府试图没收科西莫的财产，藏在修道院的美第奇家族财富也仍然安然无恙。

在大多数历史学家看来，科西莫是接下来发生的政治事件的无辜受害者，但他们又认为科西莫是一位政治天才。学界这种整齐划一又自相矛盾的观点令人震惊。里纳尔多·德利·阿尔比齐被描述成一个暴君和自大狂。历史学家克里斯托弗·希伯特（Christopher

Hibbert）说，里纳尔多是个十足的偏执狂，他反对科西莫的人文主义朋友，因为他认为这些人对基督教是危险的。里纳尔多是对的，人文主义者无疑代表了西方世俗化的第一步。这并不是说这些人文主义者不是基督徒，如果他们反对基督教，他们会立即被社会主流孤立在外。他们的兴趣不在于反对基督教，他们认定每一部经书文本都是特定历史时期的产物，这最终导致了对《圣经》（Bible）完全不同的诠释。在政治体制层面，早在 1440 年，人文主义者洛伦佐·瓦拉（Lorenzo Valla）就通过精湛的文字学研究证明，所谓的 4 世纪《君士坦丁捐献书》（Donation of Constantine），即君士坦丁大帝授予教皇西尔维斯特对罗马和西欧大部分地区的精神和世俗统治权的文书，实际上是 9 世纪编造的伪书。因此，教皇的统治并不比任何暴发户泥腿子雇佣兵头目的统治更合法。教皇的统治权最终也不过建立在金钱、军事力量和虚假文件之上。

科西莫支持人文主义者，人文主义者也支持科西莫。除了美第奇家族，还有谁能如此慷慨地资助他们？还有谁能如此慷慨地资助教会呢？ 1431 年马丁五世之后即位的教皇尤金四世（Eugerius IV）需要一个高效的国际银行。科西莫为马丁的葬礼和尤金的加冕礼垫付了大笔金钱。谁会不愿意和这样慷慨的人打交道呢？金钱有这样一个优秀"品质"，它能将最不相容的元素凝聚在一起，敌对的双方常常在银行的账簿中混在一起，银行也经常资助两个敌对的政党，而普通人在投票时本应在这两个政党中做出选择。科西莫知道，他向如此广泛的客户提供资金，能够确保他在与一个仅依赖佛罗伦萨的老贵族家族的竞争中取得先手。

到了 1433 年的夏天，通往权力巅峰的道路被堵死了。无论谁先行动都极有可能遭受舆论的指责，但也最有可能给对方致命一击。科西莫退居城北的特雷比奥庄园，他在那里一直待到秋天到来。科西莫看起来并不是个天才的政治家，似乎不知道下一步该如何继续。他是否已经认为自己已经成为佛罗伦萨最不可或缺的人？他是在等待权力的召唤，还是在等待拯救城市财政的邀请？这时科西莫已经借给了这座城市的政府 15.5 万弗罗林的巨款，这笔巨额贷款让佛罗伦萨分行一直处于亏损状态。消息终于从城中传来，科西莫被要求前往政府所在地——领主宫（Palazzo della Signoria，又称旧宫）。在搬回佛罗伦萨三天后，1433 年 9 月 7 日，科西莫从家中步行数百米，穿过中央大广场，走进了这座拥有高大坚固塔楼的庞大建筑。即使在今天，这里仍散发着一种严峻的权威感。科西莫在踏入大门之后立刻被逮捕了。

根据佛罗伦萨的法律，如果一个人没有缴纳税款，他就不能在政府中任职。8 月底，贝尔纳多·瓜达格尼（Bernardo Guadagni）的名字从抽取正义旗手的袋子里被抽了出来。官员们检查了他的纳税情况。在抽签前不久，贝尔纳多还一直拖欠税款。但后来里纳尔多·德利·阿尔比齐为他补缴了全部税款。然后十分巧合的是，他的名字果然被抽中了！里纳尔多现在掌握了这座城市的最高权力，而科西莫则落入了陷阱。这就是这位银行家的巨额财富和过人才能带给他的结果：被指控叛国罪，被判流放或死刑。

佛罗伦萨共和国历史上的重大转折点都是以召集所谓的议会为标志的。最基本的制度是这样的：八位城市首长和正义旗手组成议会，负责发起所有立法行动。在此过程中，他们会征求两个咨询机构的意见，即"十二贤人团"（The Twelve Good Men）和"十六旗手团"（The Sixteen Standard Bearers）。他们也跟城市首长一样，是被抽签选中的。然后，提议的法律由市民委员会和城市公社委员会批准或否决。市民委员会和城市公社委员会各有约 200 名成员，同样由抽签决定，但他们的任期是四个月而不是两个月。

这个制度可能很臃肿迟缓。由于那些名字被放入抽签袋中的政府首长候选人和两大委员会的成员之间存在着明显的财富和阶级差异，因此有时议会一再拒绝批准历届政府坚持认为至关重要的法律也就不足为奇了。所以当陷入僵局时，或者当必须迅速做出一些特别重大和困难的决定时，就会召集大议会（apar·lamento），也就是召集所有十四岁以上的佛罗伦萨男性公民在市政厅外的露天广场集会。其原则与现代的全民公决并无二致，主权直接交给人民。

因此，1433 年 9 月 9 日的佛罗伦萨，当领主宫深沉而古老的钟声响起，召唤市民们履行政治职责时，武装人员已经包围了广场，控制了每个入口。美第奇家族的支持者被"劝阻"不要参加集会。科西莫从牢房的窗户可以看到现场的一角。出席会议的人看上去恪尽职守——这些集会总是这样——投票赞成组成所谓的"巴利阿"（balia）。巴利阿这个词的意思是"全权"。基本上，每次大议会提出的提案都是让人民把自己的未来交给一个由 200 人组成的特设机构，这个机构的人选当然是由现任正义旗手选出的，从而绕过了市民委员会和城市公社委员会的阻挠。1433 年，正义旗手就是里纳尔多·德利·阿尔比齐。

巴利阿被组建起来，以决定领主宫里囚禁的尊贵囚犯的命运。里纳尔多想要科西莫的命，里纳尔多是个地主，阿尔比齐家族古老而富有，但他们并不是一个精通交易的家族。里纳尔多既不是银行家也不是商人，在转移财富、借贷、贿赂和赞助方面，他跟他的竞争对手无法相提并论。他知道科西莫是新时代的富豪，他明白银行的存在与城堡、农场甚至工厂不同，科西莫不会像过去的富豪那样被流放所打倒。他告诉巴利阿委员会，这个人必须被斩首，这是斩草除根唯一的办法。

但他无法说服巴利阿。就连他亲自挑选出来的巴利阿委员会也难以达成一致的意见。科西莫的朋友太多了，有很多市民欠他一个人情。他们在科西莫身上看到了城市的未来。与同样富有的银行家帕拉·斯特罗齐（Palla Strozzi）不同，科西莫似乎更愿意到处挥霍自己的家财，为市民谋福利，参与公共事务。如果有更大的权力，也许他会为公众花更多的钱，而不是将资本转移到其他城市。

被告面临的指控含糊不清。科西莫被控"试图将自己凌驾于他人之上"，但我们不都是这样吗？两名美第奇家族的支持者在受刑之后"供认"科西莫在外国帮助下策划武装叛乱。但这点没人相信，这种事显然不是科西莫的风格。威尼斯立即派出三位大使为科西莫求情。美第奇银行与身居高位的威尼斯人有重要的商业往来，新教皇尤金四世也是威尼斯人，出身于与美第奇银行交往颇深的富商家庭。梵蒂冈派来的特使为科西莫辩解。教廷当然不希望自己的银行家被砍头，教皇尤金四世拥有各种反制手段。

然后费拉拉侯爵登场了，他是另一个欣赏科西莫服务的美第奇银行的客户。由于位于威尼斯和教皇国家之间的交界地带，费拉拉对佛罗伦萨来说是一个重要的盟友。巴利阿的成员们对此印象深刻。金钱的流动性似乎让一位银行家的命运成了国际事件。如果美第奇家族仅仅是富有的地主，他们可能会被神不知鬼不觉地处理掉。在科西莫朋友的资助下，佛罗伦萨唯一值得一提的军队将领尼科尔·达·托伦蒂诺（Niccol da Tolentino）召集士兵，从海岸边的比萨开始向佛罗伦萨进军。与此同时，科西莫的弟弟洛伦佐则忙于从城北庄园的农民中组建军队，科西莫家族在那里拥有庄园和农田。巴利阿已经僵持了一个多星期。

科西莫回到了他领主宫的牢房，在他的狱卒愿意先帮他尝尝饭菜后（测试食物是否有毒），科西莫终于同意开始进食了，当然，这名愿意替他尝毒的狱卒将得到慷慨报酬。访客们开始从巴利阿会议所在的宫殿底层"爬"到银行家的牢房前探望他，这是阿尔比齐逐渐失去控制的迹象。科西莫获得了纸笔，他开始写道："付给持票人某某金额的金币"，然后签上字。首长会议的首脑贝尔纳多·瓜达格尼收到了 1 000 弗罗林，远远超过了里纳尔多·德利·阿尔比齐替他偿还的那笔微不足道的欠税。科西莫后来说："如果他开口索要，他完全可以拿到多十倍的钱。"为了换取这 1 000 弗罗林金币，瓜达格尼装病在家，将权力下放给了另一群同样被收买的首长会议的成员。

突然间，被杀的风险已经过去。穆杰罗的美第奇军队已经整装待发，尼科尔·达·托伦蒂诺和他的雇佣军也已经近在咫尺。在其他国家外交官的压力下，银行家帕拉·斯特罗齐，一位真正相信财富可以也应该远离政治的立宪主义者，撤回了对美第奇死刑判决的支持。毋庸置疑，他的财富使他拥有许多的选票。看起来，一切都是各方参与者根据自己的私人利益在算计的结果，没有公理可言。对银行家来说，这恰恰是最理想的状态。9 月 28 日，在科西莫被捕三周后，由于担心外部的攻击和内部的叛乱，里纳尔多终于让步，提议判处科西莫流放而非死刑。里纳尔多如释重负，议会多数票支持了他的提议。科西莫被判流放去帕多瓦十年，他的堂兄阿韦拉多被判流放那不勒斯，他的弟弟洛伦佐流放去威尼斯。这样美第奇家族就被拆分开了。为了防止可能的暗杀阴谋，科西莫请求允许在夜间秘密离开城市。在他余下的三十年人生中，他再也不会让自己陷入如此被人摆布的境地。

科西莫在流放期间做了什么？和他入狱前在特雷比奥庄园里做的事情差不多。他经营银行，等待时机。他干得不错，邮政体系也足够有效。两个月后，新上任的首长在会议上允许他搬到威尼斯，住在圣乔治·马焦雷，那是他的客户，教皇的老修道院。他入住之后立即提出为修士们建造一个新图书馆并购买书籍。银行威尼斯分行每年资本支出为 8 000 弗罗林，能赚回高达 20% 的利润。有什么是比结交朋友和建立支持更好的花钱方式呢？科西莫带着自己的私人建筑师米切罗佐一起流放，似乎就像这种项目是一个事先确定的计划的一部分。当美第奇家族的一位远房亲戚试图让他参与一个阴谋，在米兰军队的帮助下返回佛罗伦萨时，科西莫向威尼斯政府报告了这一阴谋，威尼斯政府则将消息传递给了佛罗伦萨当局，这在道义上为他加分不少。但对科西莫这位亲戚来说，这样做并不地道。科西莫知道佛罗伦萨事实上已经破产了，人们"连一颗坚果"都不会借给佛罗伦萨市政府。想到科西莫本可以向佛罗伦萨施以援手，却把钱挥霍在威尼斯的图书馆上，他们该是多么恼怒啊。科西莫在佛罗伦萨之外的每一次慷慨解囊都会让佛罗伦萨人心惶惶。1433—1434年，威尼斯银行的利润几乎翻了一番，其中大部分是佛罗伦萨损失的生意。

不久之后，战争又开始了，叛乱和机会主义通常是搅在一起的混合体。尤金教皇逃离了发生起义的罗马城，搬到了佛罗伦萨避难。他比以往任何时候都更需要他的银行家，因为他需要金币来收买盟友，支付雇佣军的军饷。作为教皇国一部分的博洛尼亚城同样落入起义军之手。威尼斯人和佛罗伦萨人结成联盟镇压起义。米兰则跟起义军站在了一起。1434年夏末，佛罗伦萨人在伊莫拉附近被不可战胜的皮奇尼诺击败，这是一场惨败。紧接着，里纳尔多·德利·阿尔比齐犯了一个不可饶恕的错误，他坐视选举袋中抽中了一批支持美第奇家族的城市首长。他为什么不操纵抽签呢？在新的首长会议选出后，科西莫被请回了佛罗伦萨。教皇尤金四世的几句空洞的敕令让里纳尔多的武装叛乱企图可悲地失败了。几天后，当里纳尔多自己被流放时，他唯一的安慰就是得以向跟他一起被流放出这座城市的其他七十位达官贵人大吐苦水："我早就跟你们说过，科西莫必须被杀死，要么别跟伟大的人物为敌，要么动手之后当机立断，斩草除根。"

科西莫掌握政权之后，立即将曾经踌躇满志的银行家对手，帕拉·斯特罗齐和里纳尔多一起放逐，从而证明了有钱而不在政治上投资是极其愚蠢的。要不然，为什么大企业要向政党捐款呢？总之，佛罗伦萨的大银行家又回来了，他受人尊敬，虽然没有违反任何法律，他却攫取了超过宪法的至高权力。这就是金钱的力量。历史学家选择赞美这种不流血的权力转移。但马基雅维利提醒我们："然而，从某些方面来看，这种权力转移是带着血腥气的。"贝尔纳多（那个接受科西莫贿赂而放他一马的前任正义旗手）的儿子安东尼奥·瓜达格尼与其他四位市民一起，离开指定的流放地前往威尼斯。鉴于威尼斯与科西莫的良好关系，这样做显然是不明智的。这五人在威尼斯旋即被捕，被押送到佛罗伦萨，随即被斩首。

4

"我们城市的
秘密"

Medici Money

*Banking Metaphysics, and Art
in Fifteenth-Century Florence*

科西莫被指控对同性恋者友善。世人第一次见到多纳泰罗的
《大卫》雕像是在科西莫的豪宅中。很难想象还有什么比这个与真
人大小一样的青铜裸体男孩更适合成为宣传同性恋的广告了。他杀
死了一个巨人，将一只纤细的脚踩在被砍下的头颅上，摆出一个性
感的姿势。《赫尔玛普露狄特斯》（*Hermaphroditus*），一本献给科
西莫的诗集，被公开焚毁。著名传教士贝尔纳迪诺·迪·锡耶纳
（Bernardino di Siena）说，这本书宣扬同性恋。但科西莫从未利用
他的权力废除"黑夜警官"，这些恶警在广场上游荡，抓捕违反"衣
冠法"的人，包括纽扣过多的侍女、穿高跟鞋的变态男人、有不正
常行为的同性恋情侣。

科西莫还被指控对犹太人友好。1437 年，佛罗伦萨政府明确授
予犹太人放贷许可证，但基督徒被严禁从事放贷业务。没有迹象表
明科西莫明确反对犹太人必须佩戴黄色布圈的法律。犹太人不属于
基督教世界，仅此而已。

科西莫还被指控放贷和逃税。里纳尔多·德利·阿尔比齐曾对

美第奇的支持者说，你们会因为从他的邪恶收入中分一杯羹而下地狱。回到佛罗伦萨后，科西莫取消了对所谓的"干兑换"的限制。这是所有神学家都确认是放贷行为的少数交易之一。

科西莫还被指控把教堂翻修工程当成美化自己的手段，他驱逐其他有意的参与整修者，用盟友的家族礼拜堂取代政敌的礼拜堂，试图用金钱买通自己进入天堂的道路，把逐出教会令作为收回债务的工具，与"地面上的渣滓"——神父们来往过于亲近。

科西莫被指控在他人忍饥挨饿的情况下，斥巨资建造了一座巨大的新宫殿，并为此挪用了公款。他的诋毁者抱怨道："谁会拒绝花不属于自己的钱大兴土木呢？"新房子巨大的门上沾满了鲜血。美第奇宫由米切罗佐设计，坐落在拉尔戈大道上，距离佛罗伦萨主教堂仅几百米远，当时和现在都有一种要塞般的威严感。房子底层没有窗户，只有坚固的石头。

科西莫被指控残忍暴虐。他流放了如此之多的人，而且总是在十年的标准刑期到期前下达延长流放的命令。家庭被拆散，信件被审查。亚平宁半岛上下，被收买的线人监视着旧敌人的行踪。他们使用巧妙的密码通信以逃过城市官员的耳目。

科西莫被指控使用酷刑。吉罗拉莫·马基雅维利（Girolamo Machiavelli）与他的两个同伙，"在被流放前被折磨了好几天"。他们由于没有待在指定的流放地而再次被捕，吉罗拉莫在狱中"死于疾病或酷刑"。

科西莫被指控为了一己私利而更改佛罗伦萨的外交政策。1450年，他将对佛罗伦萨的支持从老盟友威尼斯转向了老对手米兰，彻

科西莫建造的美第奇宫。宫内有两个宽敞的庭院；宫外可以抵御任何来犯之敌。

底改变了整个意大利的地缘政治体系。弗朗切斯科·斯福尔扎，昔日的雇佣兵头目，如今的米兰公爵，成了美第奇银行最大的客户之一。

科西莫被指控颠覆和操纵民主进程，以恐吓手段进行统治，镇压一切反对他权威的力量，推行狭隘的寡头政治，无耻地提拔那些永远听命于他的"卑贱新人"。一位美第奇羊毛工厂的工头最终成了政府的正义旗手，也就是政府的首脑。

科西莫首先被指控试图成为王子，这一指控包含并解释了所有其他指控，试图将佛罗伦萨从共和国转变为世袭君主制国家。要不然，一个人为什么要建造一座"能把罗马竞技场比下去的"宫殿呢？此时的科西莫老态龙钟，我们在所有画作中都能看到他下垂的面颊和眼袋。面对这些指控，他并没有费力为自己粉饰辩解。他知道自己广受爱戴，受到许多人的崇拜。著名诗人安塞尔莫·卡尔德罗尼（Anselmo Calderoni）曾这样评价他：

> 哦，世间万物之光
>
> 每个商人的明镜
>
> 一切善举的真正朋友
>
> 佛罗伦萨名人的荣耀
>
> 仁慈地帮助所有需要帮助的人
>
> 救助孤儿和寡妇
>
> 托斯卡纳边境的坚强盾牌！

被流放的帕拉·斯特罗齐的女婿马尔科·帕伦蒂（Marco

Parenti）坚决反对科西莫，并决心把他被流放的姻亲救回来。然而，在科西莫于 1464 年去世时，帕伦蒂也不得不对科西莫决定不举行国葬的谦逊态度表示赞赏。他承认自己的这位敌人为这座城市带来了和平与繁荣，人们对此非常感激。"尽管如此，"帕伦蒂写道，"在他死后，每个人都欢欣鼓舞；这就是对自由的热爱和渴望。"

葬礼结束后不久，佛罗伦萨政府决定授予已故的科西莫"国父"称号。除了父亲，谁能同时受到爱戴和怨恨呢？无论多么仁慈，父亲的意象都会约束我们。只有他带来的安全感才能让我们安心等待他的死亡。科西莫的成就是让他的佛罗伦萨家族"等待"了三十多年。

要想正确理解科西莫对美第奇银行的管理方略，就必须研读雷蒙德·德·鲁弗的《美第奇银行的兴衰》（*The Rise and Decline of the Medici Bank*），全书长达 600 页。要想透彻了解科西莫是如何管理佛罗伦萨，同时又谦逊地保留了一个普通公民的角色，就必须静下心来研读尼古拉·鲁宾斯坦（Nicolai Rubenstein）的《美第奇统治下的佛罗伦萨政府》（*The Government of Florence Under the Medici*），全书长达 450 页，内容情节错综复杂，看完至少需要一周的时间。要想略微了解科西莫与基督教信仰和人文主义之间的暧昧关系，以及他委托建造众多建筑和艺术品的矛盾动机，就必须阅读戴尔·肯特（Dale Kent）的《科西莫·美第奇与佛罗伦萨文艺复兴》（*Cosimo de' Medici and the Florentine Renaissance*），该书详尽无遗，令人精疲力竭。

这些书很少有交集。有时，你可能会读到三种不同的但同样杰出的职业生涯。然而，无论你看到的是科西莫的哪一面，你总能意识到这位慈父在控制事物方面的特殊才能。具体来说是什么呢？不可调和的力量碰撞会产生巨大的破坏性能量：政治党派与城市社区、米兰与那不勒斯、商业欲望与基督教道德、对自由的热爱与对秩序的需求。要在各种混乱中确保堡垒不失，不论是银行、家庭还是国家，都必须调和这些不可调和的力量。如何调和？在短期内，答案是借助大量资金、天才的权宜之计以及最大限度的谨慎，只有银行家才能做到这一点。当钱用光了，或者没有技巧可用了，你的统治就到头了。

1442 年，50 岁出头的科西莫作为主要资助者成立了一个新的宗教团体：圣马蒂诺善人会。这个组织的宗旨是帮助那些"羞于启齿"的穷人，即那些生活窘迫但又自尊心极强的人。"善人"们在镇上四处募捐，之后将捐款分发给有需求者，并保持被捐助者匿名。募集到的善款中，50% 被登记为来自美第奇银行。这笔捐款被记录在银行账簿的"上帝账户"栏目下。

这种安排体现了科西莫的典型工作方式。在一个宗教组织和一家商业公司的背后，隐藏着一笔具有政治含义的巨款。从他人那里募集来的捐款，却让人觉得钱是自己出的，善款的数额翻了一番，因罪恶的借贷活动和不断逃税而产生的负罪感也会减弱。城市发生经济动荡的危险也会降低。不要求别人认可，也不把自己的想法强加给别人，可实际上会吸引更多的人认可你。然而，该计划取得成功的最关键因素还是真正的施行慈善的真心。科西莫在给表弟阿韦拉多的信中深思熟虑地写道："穷人永远无法行善。"安东尼诺大主教写道："穷人通过坚忍不拔地承受磨难而上天堂，富人通过慷慨解囊而上天堂。"这就是社会不平等的规则。圣诞节或复活节期间，圣马蒂诺善人会分发的酒和肉需要耗费科西莫500弗罗林金币，相当于三个银行经理的年薪。

但是，这些费用对比起调和最大的不可调和因素的收益，简直是小巫见大巫。当时大多数欧洲贸易都只走一条路，从地中海向北，一个国际商业银行又如何运作呢？罗马从教会的贡金中攫取巨款，却不给任何回报。如果教皇和教廷设在巴黎、布鲁日或伦敦，一切都会变得简单多了！意大利可以把丝绸和香料运往北方，然后用当地的部分收入来支付教会的贡金，不需要转移太多的金币。但现实情况恰恰相反。意大利银行不仅要收回北运产品的货款，还要往罗马运送它负责收取的教会贡金。在这个世界上，用长途运输金币的方式转移财富是非常危险的。美第奇银行的大部分分行扩张都是为了解决这种长期的现金流不平衡，而最终导致银行倒闭的动乱在很大程度上源于所采取的抑制现金收支失衡的措施越来越极端。

1429年，美第奇银行罗马分行决定不投入任何资本金运营。神父们的匿名存款和其他名目存入银行的金币就足够分行的资本支出了，其他地区教会付给教廷的贡金将为其他分行提供资本。这一举措可能会腾出两三万弗罗林。但这不过是权宜之计，没有解决根本问题。

美第奇银行的北方分行不可避免地增加了对罗马分行的债务。他们找不到向罗马分行汇款的途径，如果欠款方是美第奇银行的另一家分行，这种情况还不至于太令人担忧，但如果欠款方是在当地运作的代理行，这种情况就很危险了。15 世纪头十年，美第奇家族与伦敦和布鲁日的此类当地代理银行建立了合作关系。这些代理银行为美第奇银行收取教皇的贡金并替美第奇银行出售奢侈品。他们奉命物色优质羊毛运回意大利（包括美第奇家族的羊毛纺织工厂），以平衡商品的流动，并使那些将意大利产品运往北方的大帆船的回程不至于空载而归。因此，银行有动力去创造贸易流通，而这种贸易流通也正是银行出现的契机。

但问题随之而来。英国人当时想自己加工所有的羊毛，并对羊毛施加了严格的出口限制和高昂的关税。羊毛商品流变得无法平衡，也永远不会平衡了。1427 年，伦敦的乌伯蒂诺·德·巴尔迪和布鲁日的瓜尔特罗托·德·巴尔迪（Gualterotto de' Bardi）欠下美第奇银行 22 000 弗罗林的巨款，其中大部分是欠罗马分行的。这些巴尔迪家族的狡猾家伙！巴尔迪家族的那些银行迟迟不还钱，真的是因为找不到向南方出口商品或签发信用证的业务吗？毕竟，无息持有别人的现金总是有赚头的事。美第奇银行伦敦的代理人乌伯蒂诺·德·巴尔迪和他的兄弟巴托洛梅奥·德·巴尔迪——现任美第奇银行罗马分行的主管之间是否存在某种默契？更不用说美第奇银行在佛罗伦萨的总经理伊拉里奥内·迪·利帕乔·德·巴尔迪了。不能再这样继续下去了。时机成熟的时候，即使只是为了把那些不容易流回意大利而滞留在当地的金币妥善进行投资，美第奇银行也必须在布鲁日和伦敦设立自己的分行。

1434 年，科西莫结束流亡返回佛罗伦萨，他将巴尔迪家族从美第奇银行庞大的业务中尽数清除，干干净净，一点不剩。巴尔迪家族的人在科西莫不在佛罗伦萨的时候做了什么？我们不得而知。最富有的巴尔迪家族的人与美第奇对头的银行家帕拉·斯特罗齐有姻亲关系，并在科西莫的表兄阿韦拉多的银行工作，他依然被流放了。这个人很危险。阿韦拉多本人也死于流放。将关系复杂的家族聚集在一起可能会带来力量，但也可能为阴谋和背叛创造条件。这是另一种平衡，必须年复一年地达成、调整、重新达成。科西莫的正室妻子也是巴尔迪家族的人，她对这大清洗有何看法，我们不得而知。

现在，波尔蒂纳里家族填补了巴尔迪家族的空缺。乔瓦尼·波尔蒂纳里（Giovanni Portinari）负责管理威尼斯分行，成为美第奇银行最重要的人物之一。科西莫仍然对佛罗伦萨的政治局势感到紧张，他将美第奇银行的大部分资金转移到了威尼斯。1431 年，乔瓦尼·波尔蒂纳里的兄弟、负责佛罗伦萨分行的福尔科（Folco）去世，留下了七个孩子。科西莫收养了其中三个男孩：十岁的皮杰罗（Pigello），四岁的阿克里托（Accerito）和三岁的托马索（Tommaso）。他们后来都在美第奇银行担任要职。

这就是科西莫的计划吗？毕竟他自己只有两个合法的婚生子女？被他收养、在他家长大的波尔蒂纳里家的孩子们会比任何一个巴尔迪家的人都更感激他，因此他们会成为美第奇银行更忠诚的仆人吗？如果科西莫真是这样盘算的，那他就犯了个大错误。对扮演自己父亲角色的人，人们的感激之情从来不甚牢靠，那些被收养的波尔蒂纳里家的男孩们，或许已经感觉到，科西莫亲生的儿子们受到了偏爱。还有人怀疑波尔蒂纳里家的孩子们在他们生父去世后是否继承到了他们应该得到的所有钱财。毕竟福尔科生前在美第奇银行占了相当多的股份。

与此同时,另一位波尔蒂纳里——威尼斯分行主管乔瓦尼的儿子、科西莫收养的孩子们的表兄贝尔纳多——于1436年出发前往布鲁日和伦敦,调查一直困扰美第奇银行的贸易失衡痼疾。贝尔纳多骑马穿越阿尔卑斯山,首先来到乔瓦尼·本奇在日内瓦设立的美第奇银行日内瓦分行。由于无休无止的英法战争,巴黎目前一片混乱,日内瓦则取得了巨大成功。来自西欧各地的商人们络绎不绝地前来参加这里每年举办四次的商品交易会;该城也因此成为欧洲各种货币的重要汇兑中心。每个人都需要信贷;汇兑交易俯拾皆是。商品从北方运到日内瓦,比运到意大利少走一半路程,它们可以在此出售,再由信使把卖得的金币送回佛罗伦萨。这座城市甚至为服务商品交易会中发生的国际交易创造了一种新的货币:金马克,这或许算是欧元的雏形。

到访日内瓦之后,贝尔纳多继续骑马前往巴塞尔,科西莫在那里设立了另一个分行——这个分行不是为了汇兑贸易,而单纯只是为自1431年以来在那里进行激烈辩论的大公会议的红衣主教和其他主教们提供服务。教皇的权威是争论的焦点。1436年,教会再次濒临分裂。此时仍住在佛罗伦萨的尤金四世教皇没有参加会议。但教皇的银行家需要知道谁会占上风,当然,银行家们也不会放弃这个从各方吸收存款的绝佳机会。

贝尔纳多之后前往布鲁日和伦敦,他的任务是让当地代理行加快销售美第奇银行寄来的货物,但更重要的是把欠款运回意大利。他拥有特别授权,可以将特别顽固的债务人告上法庭并处以监禁。

但可悲的事实是，在伦敦欠债的商人比在巴塞尔欠债的神父更肆无忌惮。欠债的主教因为科西莫跟教皇的特别关系而受到革除教籍的威胁，因此必须还钱，否则他的生计和身份都岌岌可危。但有些商人对逐出教会的敕令毫不在乎，就像雇佣兵对待伯爵宣示其城堡或城镇的所有权一样毫不在意。"如果他是个神父就好了，"一位美第奇家族的会计在准备注销一笔坏账时评论道，"那样的话也许还有机会收回这笔欠款。"

不过，贝尔纳多·波尔蒂纳里北上的真正目的是考察在布鲁日和伦敦开设美第奇分行的条件是否成熟。当地商人是否有还款的能力？当地的法官对外国人是否公平？英国羊毛贸易中的反意大利情绪如何？很不幸，最后一个问题的答案是，相当严重。如果美第奇银行借给国王大笔金币，英国国王会放弃英国特许商人对羊毛的出口垄断权吗？国王会偿还所欠的金币吗？英法战争是否威胁到了伦敦和布鲁日之间的贸易往来？国王到底还能在王座上坐多久？

贝尔纳多·波尔蒂纳里的父亲在他离开之后去世了。贝尔纳多回到意大利，上交了一份乐观的评估报告，然后带着一份任命伊利（Ely）主教的教皇诏书和 2 347 枚佛兰德格罗西（约 9 000 弗罗林）回到英格兰，其中大部分金币被藏在一捆布里被送到日内瓦。风险很大，但有利可图。1439 年，布鲁日分行成立，并在伦敦设立了二级办事处。最初的资本金仅为 6 000 弗罗林，全部由罗马分行提供。1446 年，伦敦成为分行，资本金为 2 500 英镑。至此，美第奇银行在欧洲各处拥有八家分行，并在其他至少 11 个欧洲金融中心设有办事处。

从罗萨门铺着绿布的桌子,从科西莫豪宅华丽的如同宫殿的房间里(也是美第奇控股公司所在地),从他在圣马可修道院的私人祈祷室里,科西莫的意志延伸到了整个欧洲。他没有电话,也没有电子邮件。信件定期抵达,内容包括带来上周的汇率、用密语写成的密报、最新的政治和战争新闻。

科西莫的回复是口述转记的,各种副本也被抄录下来:

> 罗马分行的主管抱怨伦敦分行的主管:我不接受以二流布料还款!我要现金!勃艮第公爵又开始挑衅法国人了。从日内瓦运来的金币已经不再流通,必须将其融化重新铸造。银行各个分行的经理们是不是花了太多时间互相拆解了?派到布鲁日的那个男孩,被布鲁日分行拒绝接收,他甚至是个文盲!为什么佛兰德斯的女人不买佛罗伦萨出产的丝绸?我们的销售代表明明那么英俊,法语也说得那么流利。科西莫提醒伦敦分行,不要做航运保险的业务。保险费还没到手,船说不定就沉了!也许神学家们认定在日内瓦从一个商品交易会到下一个商品交易会的汇兑交易等同于赚取利息的放贷。但银行家们依旧我行我素。怎样才能少交税呢?科西莫指示威尼斯分行的主管,资产负债表必须只记录实际投入资本的一半。还有吕贝克的难题,难道汉萨同盟会永远阻止美第奇银行进入东欧吗?

乔瓦尼·本奇现在是科西莫设计出的美第奇控股公司总经理,他们一起在科西莫豪华宅邸的挂毯和雕塑之间工作。本奇曾在日内瓦赚了不少钱。他精明能干，天赋异禀，而且非常虔诚。在敞开的窗前，两人一起审视账目之时，是否偶尔会在谈起在罗马的荒唐日子里关于分辨女奴隶、良家女孩和妓女的老故事时，灵犀一笑？他们是否同意佛罗伦萨人的那个普遍抱怨，即越来越难分辨出一个良家女孩和一个妓女？他们是否讨论过对宗教机构的捐赠，交流过自己最喜欢的艺术家的名字——多纳泰罗、里皮（Lippi）？他们是否讨论过西塞罗的最新译本和人文主义引人入胜的思想？为什么佛罗伦萨的妓女们不愿意在头上佩戴铃铛？为什么西方教会和东方教会不能就三位一体的神性达成一致？传教士贝尔纳迪诺·迪·锡耶纳是否真的相信他在布道时所说的，犹太人以在圣餐杯中撒尿为乐？科西莫当时是三先知教团中的重要人物，科西莫的妻子康泰西纳为他参加三先知恭迎圣婴游行时应该穿什么斗篷而绞尽脑汁。

1436 年，乔瓦尼·本奇和科西莫一起在安科纳开设了一家美第奇分行。这个亚得里亚海港口对于向东方出口布匹和从更远的普利亚进口谷物非常重要。但这是否能证明约 13 000 弗罗林的巨额投资是合理的？这笔投资远远大于美第奇银行在威尼斯和布鲁日等更重要的商业中心的投资。佛罗伦萨正处在战争之中。意大利的局势再次变得波诡云谲：在那不勒斯，安茹家族和阿拉贡家族之间发生了王位继承权争端；弗朗切斯科·斯福尔扎和尼科尔·皮奇尼诺，两派雇佣兵大军在教皇国厮杀不止；教皇被困在佛罗伦萨，不敢回到罗马，他还担心巴塞尔的大公会议的进程，到处寻求盟友；米兰的菲利波·维斯康蒂公爵收买了皮奇尼诺，试图利用各地的动荡局势，向热那亚、博洛尼亚和那不勒斯派遣远征军。此时，里纳尔多·德利·阿尔比齐已经离开了他的流放地，恳求米兰维斯康蒂公爵进攻佛罗伦萨，以恢复他家族派系在城中的势力。不长记性的佛罗伦萨人没有放弃，他们再次向卢卡发起进攻，并在与米兰翻脸动手之时向威尼斯寻求援助。威尼斯人回复说，曼图亚人发生了叛变，我们本愿意施以援手，但现在自顾不暇。在这翻天覆地的大混乱中，科西莫做出了一个改变历史走向的决定，他决定资助强大的佣兵军阀斯福尔扎。安科纳的启动资金根本不是用来进行汇兑贸易的本金，或者说不完全是本金。安科纳属于斯福尔扎的势力范围。这是美第奇银行第一次为与佛罗伦萨无关的军事行动提供巨额的资金，为什么要这么做呢？

在米兰，肥胖、疯狂、年迈的维斯康蒂公爵没有合法的婚生子，只有一个名叫比安卡（Bianca）的私生女。斯福尔扎想娶她为妻，顺便继承米兰公国。只要这段婚姻的可能性还存在，他就不会与维斯康蒂公爵交战，至少不会在波河以北开战，这是维斯康蒂公爵的势力范围（尽管后来他改变了主意）。与此同时，斯福尔扎与维斯康蒂如果联姻，就可以组成一个在军事上能够彻底击败佛罗伦萨的强大联盟。公爵用女儿为诱饵束缚了斯福尔扎的手脚，他不断许诺婚事即将确定下来，然后又编造各种理由拖延。科西莫的应对是用他的巨额财富捆住斯福尔扎的手。如果斯福尔扎的军队由美第奇家族提供衣食补给，他就很难为维斯康蒂公爵和阿尔比齐家族征伐佛罗伦萨。

安科纳的冒险虽然短暂，却标志着美第奇银行的历史性转折。它将美第奇银行的命运与佛罗伦萨共和国的命运融为一体。佛罗伦萨分行变成了一家主要为政治目的放贷的分行，并不指望收回借出去的金币。这对投资者来说可不是好消息。国家大政超出了任何商业冒险的合理性。30 年后，斯福尔扎欠美第奇银行大约 190 000 弗罗林，他没有偿还这笔巨额欠款的任何可能。多年前，巴尔迪银行和佩鲁齐银行就是被这样的坏账拖下水最终倒闭的。在 1440 年，皮奇尼诺、米兰和阿尔比齐家族在佛罗伦萨城北的安吉利被佛罗伦萨彻底击败。15 世纪最成功的军事冒险家斯福尔扎在北方的威尼托作战，没有参与这次与佛罗伦萨的会战。尽管佛罗伦萨人是他未来岳父的死敌，但他一生之中从未进攻过佛罗伦萨。

这段时间是美第奇银行扩张最快的时期。1442 年，银行在沿海城市比萨设立了分行，佛罗伦萨的大帆船每年春天都从这里出发，前往布鲁日和伦敦。大帆船由佛罗伦萨共和国建造，垄断了进出比萨和佛罗伦萨的所有海上贸易，大帆船租给贸易商人，再由他们把舱室分包出去。每次出海运力的租用权都要经过为期一个小时的竞拍，也就是一支特制蜡烛燃尽的时间。聪明的商人会等到烛光开始摇曳，即将熄灭时才开始出价。为了杜绝此种作弊，人们决定拍卖会将以领主宫塔楼上的钟声作为结束的标志，从拍卖厅里可以听得到钟声，但看不到大钟。当时没有手表，没人知道拍卖何时戛然而止，这让商人们紧张不安。在这段时间里，宫殿的报时钟被全副武装的士兵严密地看管起来，以防时间缩水或延长。在这个注重礼仪的世界里，作弊出千是常态。必须时刻保持警惕。例如，当拍卖师设下"商托"以虚假的出价来推高拍卖价格时，没有人会上当受骗。

要设立一家分行，就必须先找到一栋房子，要有合适的房间来摆放银行柜台必备的铺绿色桌布的大桌，还要有存放各种货物的储藏空间，还要有供多达六名银行职员一起吃住的空间。为了监督在比萨的新业务，科西莫亲自前往这座城市。在离家两个月的时间里，他带了一箱子书籍和一副最好的贵族盔甲。他收藏了很多宝物：带红色天鹅绒鞘的剑，带着彩绘长枪、银质装饰的头盔，头盔上镀有金鹰的徽章，盾牌上画着一个妙龄少女。当然，他还收藏书籍，并与佛罗伦萨的知名人文主义学者成为朋友，这些人撰写或翻译了这些书籍，并经常将它们作为礼物献给科西莫。他对书籍和武器这两个领域的兴趣的共同点是，他认为自己是一个高贵、卓越的人，有着与生俱来的尊贵，这种尊贵与基督教教义宣传的谦卑背道而驰，画家和雕塑家正在学习将这种尊贵表现在人物的面部和姿态上。

"只有城市中的小人物和下层阶级才受你们律法的束缚……"人文主义学者波焦·布拉乔利尼的一篇哲学对话中引用一位演讲者的说辞。科西莫曾和波焦一起去奥斯提亚探索罗马遗迹。"有权势的公民领袖则会僭越权力"对于身为公民领袖的科西莫来说，这是一个有趣的想法。如果不是他的身体被痛风致残，他肯定会戴上那镀着金鹰的头盔。

所有的盈亏计算之外，科西莫心中还有一个追求荣耀和施行善行的理想，它是超越死亡的存在。"所有传世被铭记的事迹都源自不义和非法的暴力。"波焦引用的那个演讲者这样说。

多么遗憾，科西莫抱怨道，佛罗伦萨从未攻占卢卡！也许有一天，如果付出足够多的金币，弗朗切斯科·斯福尔扎也许会帮助他们夺取卢卡。这样一来，当卢卡被占领的时候，他，科西莫，就会作为这座城市的头号公民而被人们永远铭记，就像阿尔比齐家族虽然被流放，但仍然因为在他们统治下佛罗伦萨成功占领比萨这座自傲的城市而被人们铭记一样。在比萨建立新分行的时候，科西莫面临着如何注册的难题。如果一个分行以美第奇银行的名义注册，那么这家银行将更有声望，吸引更多投资和存款。

但这样一来，美第奇控股公司就必须承担无限连带责任。如果使用实际经营该分行的当地常驻合伙人的名字注册，那么该美第奇分行的责任仅限于实际投入的资金，但分行的声望会受到影响。尽管科西莫热衷于华丽的礼仪盔甲和激情四射的书籍，但他几乎总是谨慎地选择后一种方案，至少在最初几年是这样。比萨分行就是以乌戈利诺·马泰利（Ugolino Martelli）和马泰奥·马西（Matteo Masi）的名字开设的。

1450 年，严重的亏损迫使美第奇控股公司对其在伦敦和布鲁日分行的经营责任进行了隔离，这两家分行也因此放弃了美第奇银行的名字和徽章。其他意大利商人则对这一逆转幸灾乐祸，"像乌鸦群聚一样吵闹了起来"。就像间隔一线的盈利和亏损一样，称颂和嘲讽自古也近在咫尺。

一个人当然希望在死后很久还能像罗马元老院议员（科西莫也收集罗马钱币）一样受到尊崇，但到了那个时候，再厉害的高人肯定也已经在造物主面前谦卑下来。在那时，这种尘世的荣耀已不再重要。

在这里，又出现了一组不可调和的矛盾。如果说这次的难题在于思想或形而上学的哲学，而非世界贸易中现金流平衡，那么它的紧迫性并不亚于后者。佛罗伦萨对自己有两种理想的愿景：它是古罗马的真正继承者，永恒的荣耀，睿智的共和主义；它同时也是上帝之城。否则，共和政府为何坚持要求妓女按照《以赛亚书》（*Isaiah*）中的描述打扮着装？为什么会有发动十字军东征以将圣墓带到佛罗伦萨的提议？几个世纪后，英国也陷入宗教狂热和帝国主义的谵妄之中，产生了那种奇特的混合体——基督教绅士。时至今日，一些美国人依然沉浸在这种怪异思想中，他们试图对基督教清教主义与统治世界之间的根本矛盾视而不见。

科西莫对这两种观点都非常着迷，他定期参加布拉乔利尼、尼科利和其他前卫人文主义者的讨论，同样也定期参加崇拜三先知的宗教联合会会议。在被指责残忍地流放了如此多的敌人后，他曾说过一句名言："你不能用祈祷来管理国家。"由此可见，他确实感觉到了政治野心与宗教信仰之间的矛盾。当他的政治斗争需要冷酷无情时，基督教的仁慈就会退居其次。

当然，矛盾是需要调和的，这一直是科西莫的态度。正如科西莫从乔瓦尼二十三世陵墓设计中领悟到的那样，当基督教的虔诚和世俗的声望发生冲突时，解决问题最有效的方法就是通过艺术和建筑。"我了解佛罗伦萨人，"科西莫对他的书商和后来的传记作者维斯帕西亚诺·达·比斯蒂奇（Vespasiano da Bisticci）说，"50年后我们会被驱逐，但我的建筑会保留下来。"这些建筑大多是宗教性质的，用充裕的金钱投资于神圣的建筑，以同时获得尘世的声望和在天堂的入场券。显然，你可以一石二鸟，或者如意大利谚语所说：老婆也醉了，酒桶也满了。

科西莫"在良心上积累了不少罪恶感",维斯帕西亚诺记录到,"就像大多数统治国家的人一样,他希望比所有人都棋高一着"。科西莫咨询了他的银行的重要客户——教皇尤金四世。教皇当时就在佛罗伦萨避难(因此或多或少都算是受到科西莫的庇护)。科西莫问教皇,上帝会如何"怜悯他,并保护他享有其世俗财产",这是他从流放地归来后不久的事。

尤金四世教皇回答说,花 10 000 弗罗林修复圣马可修道院。这是一笔巨款,足以在另一个城市设立一家银行。

这座规模庞大、破败不堪的修道院,距离佛罗伦萨主教堂和科西莫的豪宅都只有两分钟的步行路程,目前由一群二流的西尔维斯特里修士管理,据说他们的生活"既无贫穷,也无贞洁"。真是不可原谅!科西莫说,如果教皇能把盘踞此处的西尔维斯特里修士赶走,换成多明我会的修士,那么他就会出钱翻新修道院。那些极端简朴克己的多明我会教士以安贫乐道和极度虔诚闻名。只有这样的祈祷才会对一个生有私生子的银行家起作用。

到了 1436 年,在布鲁内莱斯基的巨型穹顶经过十五年的建造终于完工后,教皇尤金四世重新为佛罗伦萨主教堂举行了祝圣仪式。穹顶直径达 42 米,是数百年来建筑工程中最宏伟的壮举。它的红色瓦片甚至比大教堂正门两侧乔托设计建造的白色大理石塔楼还要高,两者一起完全占据了佛罗伦萨的天际线,又一次将当地市民的自豪感和对信仰的虔诚暧昧地结合在了一起。事实上,佛罗伦萨人多年来一直担心穹顶会倒塌,从而招致邻居们的嘲笑而非赞美。

在祝圣仪式上,科西莫公开与尤金四世教皇讨价还价,希望教会能够增加对所有参加仪式的人发放的赎罪券的期限。教皇让步了：赎罪券由减免六年炼狱增加到减免十年。这件事没有让任何人付出任何代价，却让银行家和宗教领袖都大受欢迎。在圣马可修道院的问题上，教皇再次表现出了灵活的身段。西尔维斯特里修士被驱逐，僵化死板的多明我会从菲耶索莱迁入。他们当时的领袖是安东尼诺，也就是后来的安东尼诺大主教，一位带有基要主义倾向的神父。他在耗资巨大的翻修工程完工后写道，如果我们的圣多米尼克看到他修道院的大屋小室"被扩建、增修拱顶、加盖高耸入云的塔楼，并用奢靡的雕塑和绘画进行最轻浮的装饰"，他会怎么想呢？

但这种基要主义实际上只是一种倾向——或者说，只是一种假装的严厉，否则神父很难与银行家合作这么久。科西莫与安东尼诺之间的故事反映了教会对来历不明的赞助人的不信任。安东尼诺监督了奢华的圣马可修道院的翻修，他也是科西莫掌权期间佛罗伦萨教会的领袖。多明我会的激进派代表乔瓦尼·多米尼克坚持认为："真正的慈善应该是匿名的。"耶稣说："你们要谨慎，不要在人前施舍，叫人看见；不然，你们在天上的父，就不会赏赐。"立场很明确：基督徒的赞助不应带来世俗的荣誉。但安东尼诺和科西莫都很聪明，他们保留了一些盲点，使形而上学的神学和金钱之间可以进行一些有益的交流，特别是在艺术这个模糊的领域。作为慷慨解囊的报酬，银行家可以获得展示他的虔诚和权力的机会，当然还有过人的审美品位。教会假装所有这些"艺术之美"都是为了称颂上帝的荣耀，就像它轻易地假装建造佛罗伦萨主教堂的圆顶与布鲁内莱斯基的自大狂无关一样。如果没有这种虚伪，世界将会变得更加乏味。

　　米切罗佐是科西莫的私人朋友，他在科西莫流亡期间一直伴他左右。修士们的房间非常简朴。图书馆中一排排纤细的柱子支撑着干净的白色拱顶，优雅而明亮，堪称奇迹。科西莫还捐赠了图书。很多书是专门为此目的而誊抄的，很多书还配有精美的插图。这个项目主要的画师是弗拉·安杰利科（Fra Angelico），又名贝托·安杰利科（Beato Angelico）。他在所有新修士房间里画上十字架时流下了眼泪，当然你有权利不信他的说辞。安东尼诺坚持要在房间内画耶稣受难像，尤其是给新修士准备的房间。艺术的真正目的是让基督徒思考基督痛苦的每一个可怕的细节。但在通往冰冷顶楼的楼梯顶端，安杰利科的《圣母领报》（*Annunciation*）展现了两个崇高的女性形象，她们的衣着大方得体，仿佛是佛罗伦萨最好的裁缝所为。在下面的教堂里，修道院的主祭坛描绘的《圣母加冕》（*The Coronation of the Virgin*）展示了科西莫自受托建造乔瓦尼二十三世坟墓之后所取得的巨大成就。

　　圣母怀抱着她意料之外的孩子，坐在一个奇特的人造空间里，头戴金冠，仿佛她的宝座就在舞台上，但背后却是一片树林。这是城市里的兄弟会惯常为他们的庆祝活动布置的场景，这些庆祝活动当然是由美第奇家族等赞助人资助的。除了圣马可和圣多米尼克（修道院的守护神，也是新任院长的守护神）之外，圣母像周围的人物都是美第奇挑选的圣人：圣洛伦佐代表科西莫刚刚去世的弟弟，圣乔瓦尼和圣彼得代表科西莫的儿子。跪在画面前面的是圣科斯马和圣达米亚诺，他们身着佛罗伦萨富裕阶层最漂亮的深红色长袍。左侧的科斯马戴着科西莫喜欢戴的红色帽子，向观众，也就是佛罗伦萨的信众，展现着最愁苦和最诚心祈求的脸孔。显然，他是世人和神明之间的调解人，就像科西莫自己在教皇面前所做的那样，他让教皇发放了十年而不是六年的赎罪券。达米亚诺则背对着我们，似乎在注视着圣母。

后来，美第奇银行的其他高层管理者，弗朗切斯科·萨塞蒂（Francesco Sassetti）、托马索·波尔蒂纳里、乔瓦尼·托尔纳布奥尼（Giovanni Tornabuoni），都在绘画中将自己引入圣经场景。他们身着罗马元老院长袍，庄严肃穆地凝视着神圣的奥秘。

这表明，至少在艺术上，古典共和国与上帝之城、银行家与神圣之间并不矛盾。科西莫更有技巧。他只是通过代理，以他的守护神或者说圣人的身份出现。因为他从未忘记将弟弟达米亚诺包括在内，也许他的身体被科斯马的身体遮住了一半，他转向圣母或十字架，仿佛活着的科西莫的一半已经超越了尘世，在天堂与他死去的孪生兄弟在一起。毫无疑问，这产生了某种悲怆感。维斯帕西亚诺·达·比斯蒂奇说："科西莫总是急于完成他的委托""因为他患有痛风，他担心自己会英年早逝"。他匆匆忙忙地完成了圣马可教堂，匆匆忙忙地完成了当地教堂圣洛伦佐的巨大翻修工程，然后是美丽的巴迪亚·迪·菲耶索莱教堂、圣母教堂，以及随着岁月飞逝的其他许多教堂，包括耶路撒冷圣墓教堂的修复工程。科西莫总是匆匆忙忙，生怕自己英年早逝。也许正是如此，他才成了一位临时建筑大师。

弗拉·安杰利科的《圣母加冕》是科西莫·德·美第奇在修复圣马可修道院时委托创作的众多画作之一。在场的八位圣人中有六位是美第奇家族挑选的圣人，圣科斯马转过身面向前景左侧的众人，右侧的圣达米亚诺与之保持平衡。在豪华地毯的边缘，金色的地毯上滚动着红球，这是美第奇家族的家徽。神圣的空间因此变得更符合富人们的审美。

当圣马可修道院的修复工程于 1443 年最终完工时，教皇尤金四世已经收拾好行囊准备返回和平的罗马，他同意将教堂重新奉献给圣马可、圣科斯马和圣达米亚诺（都是美第奇家族挑选出来的圣人）。科西莫通过这个举动，提醒所有人美第奇家族在这个项目中的作用，但却不太张扬，就像做好事不留名的圣马蒂诺一样。他不像银行家乔瓦尼·鲁塞拉伊（Giovanni Rucellai）那样大肆宣扬他的个人赞助，后者在圣玛利亚·新维拉（Santa Maria Novella）的正立面用院子高的大字写下了自己的名字。同样，一个细心的观察者会注意到，在圣马可祭坛画中，一排红球围绕着可爱的地毯，在地毯上，美第奇家族的圣徒们跪在华丽的圣母面前。它们真的是美第奇家族徽章上的红球吗？科西莫的圣马可修道院可没有最后的审判，他们低着头，戴着帽子，世俗者悄无声息地侵入了神圣的空间，让它变得舒适起来。

科西莫奉行银行家不露痕迹的说服艺术。穷人光是因为接受了他的钱及其他慈善项目的恩惠，从而默许了他的商业行为还不够；穷人还必须让美第奇家族直接融入他们的社区，接受科西莫是他们中的一员。于是，科西莫在修士们的小寝室旁为自己建造了一间小寝室。只不过科西莫的寝室有两个房间，更大，也更舒适。门上的石头刻着教皇发出的豁免他的一切罪孽的教宗诏书，这当然是作为对他付出的回报。很少有人会看到这些，但科西莫希望将其永久地写下来，就像一份银行合同，只有相关方才需要查看。科西莫谦逊地说："我永远无法给上帝足够的东西，将他算作我的债务人。"然而，这显然是他所希望的那种关系。

在科西莫寝室第一间房门对面的墙壁上，挂着弗拉·安杰利科的一幅耶稣受难像，新入会的修士在走廊上行走时可能会瞥见这幅画。这幅画怎么会得不到修士们的认可呢？但在后面更大的私人房间里，科西莫让更年轻、更开朗的艺术家贝诺佐·戈佐利（Benozzo

Gozzoli）协助安杰利科绘制了一幅《三博士朝圣》（*Adoration of the Magi*）（圣经中，三博士是来自东方的先知，来到伯利恒庆祝耶稣降生。其名称 Magi 可以翻译成博士 / 先知，也可以翻译成魔法师）。这是科西莫最喜欢的圣经主题。

戈佐利的《三博士朝圣》（局部）。只有在这幅壁画中，科西莫才终于允许自己出现在圣经场景中，这幅壁画绘制在他豪宅中心小教堂的三面墙上。他穿着黑色的衣服，骑着一头骡子，而在他的左边（我们的右边），儿子皮耶罗骑着一匹白马，显得更加威风凛凛。

在科西莫的一生中，这样的绘画至少有六幅。所有作品都色彩鲜艳。圣马可修道院建成十五年后，在他伟大宫殿般豪宅中心的小礼拜堂的三面墙上，他和儿子皮耶罗让同一名画家戈佐利绘制了一幅奢华的《三博士朝圣》，在这幅画中，科西莫本人骑着骡子，跟在三个博士中最年轻的一个后面，为少数能够进入他豪宅的人展示了他本人的风采。许多佛罗伦萨精英们对《三博士朝圣》的痴迷是很容易理解的。《圣经·新约》（*New Testament*）中还有哪些故事，富豪能有这样的正面形象？

科西莫将他的宗教赞助范围扩大到了他自己的社区之外，最终遍布全城，在一个又一个神圣的教堂，出现了大量圣徒科斯马和圣达米亚诺的画像，出现了美第奇家族的盾牌，金色的土地上出现了（显示美第奇家徽的）红色的圆球，所有这一切都被解读为政治野心的象征，毫无疑问，这种解读是正确的。当然，美第奇家族这些做法也引起了那些认为自己的领地被霸占的被流放家族们的不满，他们的家族教堂被美第奇家族夺走了。

感性慢慢渗入描绘宗教神圣的艺术，对人形和当代世俗空间的描绘越来越精确，圣母玛利亚的体态越来越美，人们开始注意到她的乳房，甚至乳头，她修长的脖颈是何等的优雅，所有这一切都被理解为对世俗万物的新兴趣，带给我们对世俗生活更积极的人文主义启蒙。毫无疑问，这种解读也是正确的。但这还不是全部，更重要的是魔法师（也就是三博士）。

博士们不是魔法师又是什么？他们来到耶稣身边，因为接近耶稣对他们来说很重要。他们带来的礼物具有神奇的力量。14 个世纪后，佛罗伦萨人可能会对金钱和物质财富着迷，但他们还没有堕落到生活就是物质的沉闷地步，也没有到认为象征主义只是一种艺术表达，可以通过这样或那样的形象来唤起某种抽象的品质的地步。不，对科西莫那一代人来说，某种颜色的衣服、一顶帽子或一枚钻戒所具有的力量，仍然超越了它们作为物质财富指标的意义。经过特定的处理或加工，物质可以拥有神奇的力量。美第奇银行仓库里的犀牛角如果不是在等待被研磨成魔法药水，那又有什么用呢？死去的圣人的骸骨也是有魔力的，把它们放在身边，就能创造奇迹。为了表示敬意，为了促进奇迹的发生，当时的人会把它们放在一个精致的灵龛里，一个吉贝尔蒂或多纳泰罗制作的顶级工艺品里。艺术与魔法交相辉映。

但可惜的是，圣人的骸骨很少，犀牛角更是如此。1444年，伟大的传教士、厌女症患者、反犹主义者贝尔纳迪诺·迪·锡耶纳去世后，人们热衷于拥有这位魅力非凡的教士曾经触摸过的物品，导致他那头可怜的驴子被剥光了背部所有曾触碰过圣人臀部的毛发。再之后，当圣物买卖开始的时候，你怎么能区分一根驴毛和另一根驴毛呢？你又如何辨别圣人骸骨的真假呢？1352年，佛罗伦萨政府从那不勒斯买下了圣·雷帕拉塔（Santa Reparata）的一只手臂，却发现它是用木头和石膏做成的。

但如果你找不到或买不起圣人的真身，总有他的画像或雕塑可供选择。信徒们亲吻圣人雕像上石头做的脚，用自己的手拂过他绘画上的长袍，他们通过艺术接近圣人。银行家乔瓦尼·鲁塞拉伊将自己的坟墓制作的与圣墓一模一样。这种模仿也许会让通往天堂的道路更加平坦。换言之，复制的艺术品具有一种超越感官世界来审美欣赏的美好属性，它似乎也沾上了或者说具有了其描绘的人或事物的属性。

多纳泰罗的圣罗索尔半身灵位（位于比萨圣马特奥博物馆）。文艺复兴时期的高级艺术与圣徒遗骸创造奇迹的功效相融合。

这些艺术品的作用是用来创造与神圣的亲近感。圣物盒的工艺和圣物的力量在细腻的壁画中融合在一起，令人信服地展示了圣徒们的奇迹。

　　幸运的是，科西莫懂得挑选有才华的艺术家，就像他能辨别可信的银行经理一样。多纳泰罗可能是个同性恋，但还有谁能在浮雕中让你感觉如此接近神灵呢？他的《圣罗索尔》半身圣像就是以他本人为原型创作的铜像。弗拉·菲利波·里皮可能是个拈花惹草的骗子，但当他把圣母栩栩如生地画在圣克罗齐教堂纯洁的圣女两侧时，人们的守护神看起来是多么真实。圣科斯马和科西莫的名字相近，这是有意为之的（美第奇银行的所有分行都在 9 月 27 日圣科斯马日放假）。在里皮的画中，圣科斯马所穿的斗篷与科西莫的一样，都是深红色的，他望着虔诚的信众。圣母为圣人祈祷，圣人为信众祈祷。科西莫为佛罗伦萨人祈祷，为家人祈祷，为自己祈祷，每天如此。修士们拿着美第奇银行的钱，与画作为伴，祈祷着。一个神奇的团体已经形成，既真实又虚拟，充满超自然。捐献，祈祷，这就是早期的文艺复兴。财富、虔诚和技艺在艺术的魔力中得到了调和，金钱被救赎了。反对世俗财富的安东尼诺主教和科西莫可以融洽相处了。

　　也许事情并不是那么简单。也许"我祈求上帝把我的诅咒降给将财富引入教会的人"这句话不是出现在圣马可修道院安杰利科描绘的另一幅圣母画中一位圣人手持的卷轴上，这次是在修士寝室的走廊上，唯一能看到的是修士们。有人对此并不满意。

　　科西莫曾要求取消对多明我会遗赠钱财的限制，但修士们都不同意。他们并不是为了发财才严守戒律的。银行在他们的教区里占据这样的位置合适吗？看起来，科西莫所做的很多事情都是有时间期限的。无论是在银行业，还是在宗教艺术或政治领域，他神奇的平衡术，以昂贵的代价调和不可调和的矛盾，只能持续如此之久。

1438 年，在土耳其战争机器的重压下，东方教会的领袖们来到费拉拉，探讨能否解决他们（东正教）与教皇（天主教）在教义上的分歧，甚至接受教皇的权威，以换取西方的帮助，解除土耳其对君士坦丁堡的长期围困。当费拉拉出现瘟疫时，科西莫趁机邀请教会领袖们前往佛罗伦萨。美第奇家族的财富把东方文化带到了佛罗伦萨，包括他们的奇装异服和他们的希腊手稿。美第奇家族的财富支付了他们的住宿、食物和会议场所，就像今天银行的资金资助了许多慈善会议一样。

圣灵是像东方教会所坚持的那样只来自父神，还是像罗马教会所坚持的那样来自父神和子神呢？这就是双方神学辩论中的问题。对于一个习惯于国际贸易复杂性的人来说，这简直是小儿科。最终只需做个二选一的选择题。经过几个月的激烈争论，神父们最终同意罗马是对的，天主教信徒欢欣鼓舞。科西莫在解决教会分裂中发挥了自己的作用，而东西教会分裂是每个基督信徒的耻辱。但回到君士坦丁堡后，希腊的神父们被告知，他们已经超越了自己的权限，他们让步太多了，他们变成单方面接受教皇的权威，协议破裂了。希腊人甚至不惜以自我毁灭为代价，也不愿承认他们在圣灵问题上的错误。如果他们坚持这种严重的错误，那么西方基督教会宁愿让他们的东方表亲独自对抗强大的土耳其人，他们也毫不怜悯。即使是最虔诚的银行家也对这种固执的正直无能为力。

1447 年，乔瓦尼·文图里（Giovanni Venturi）和里卡多·达万扎蒂（Riccardo Davanzati）的公司在巴塞罗那倒闭，科西莫对此无能为力。文图里·达万扎蒂公司是意大利在西班牙的众多贸易公司之一，在美第奇银行试图保持金币在其各分支机构之间流通平衡的过程中起到了至关重要的作用。巴塞罗那公司从美第奇银行布鲁日分行购买布匹，它欠布鲁日的钱随后被存放在西班牙城市，由美第奇银行威尼斯分行提取，以兑现开给进口藏红花和西班牙羊毛的威尼斯商人的信用证：商人将钱交给威尼斯的美第奇银行分行，然后文图里·达万扎蒂公司将钱支付给巴塞罗那的藏红花和羊毛的供货商。通过这种方式，布鲁日减少了与威尼斯乃至整个意大利的债务。

但在 1447 年夏天，西班牙公司无法兑现价值 8 500 弗罗林的信用证，威尼斯商人要求美第奇家族归还他们的钱。布鲁日无法支付西班牙公司赊购的大量布匹的货款，更重要的是无法将钱返还给意大利。由于美第奇银行所依赖的复杂的三角贸易体系变得越来越不稳定，现在唯一的解决办法似乎是鼓励英格兰的亨利六世（Henry VI）接受贷款，作为回报，他将允许美第奇银行增加购买及运往意大利的羊毛数量。这些贷款将通过免除美第奇在英国购买的任何物品的出口税来偿还。

这种将钱带回意大利的方式是危险而昂贵的，因为需要不断地借贷大量的金钱。美第奇银行的经理们动身前往孔蒂斯瓜尔多（科茨沃尔德），观看他们要购买的羊毛从羊身上剪下来，然后前往安托纳（南安普敦）安排运输。由于绕过了英国已经存在的贸易垄断组织，英国羊毛商人勃然大怒。许多佛罗伦萨修士也同样对出现在圣画中的银行家数量越来越多，并被要求在他们的祈祷中将银行家放在越来越重要的位置感到恼火。似乎在那些希望保持虔诚和贫穷的人身上花的钱越多，基要主义反弹的可能性就越大。各地的紧张局势都在加剧。1452 年，吉罗拉莫·萨沃纳罗拉（Girolamo Savonarolo）出生。不到半个世纪后，这位热情洋溢的传教士将掌管佛罗伦萨，而美第奇家族将逃之夭夭。尽管时间短暂，但宗教神权将短暂取代美第奇的统治。在政治领域和在其他领域一样，科西莫的解决方案总是给人一种颤颤巍巍的不稳定感。

佛罗伦萨的统治精英们时不时会提出这样一个问题：我们是否应该让这样或那样的外人，比如外国人、大使、粗俗的白手起家者，进入"我们城市的秘密事务"？但是，读者们肯定会疑惑，在一个有成文宪法的开放共和国，除了军事事务之外，是不应有秘密可言的。这是怎么回事？

1434 年流放归来后，科西莫一开始没有担任任何职务。他只是一个被撤销流放判决的普通公民。他是从另一个派系手中夺取权力的胜利派系的首领。但派系是非法的，正如我们所看到的，政府是通过抽签产生的：最高层是首长会议，也就是八位城市首长和一位正义旗手（政府首脑）。他们提出所有立法建议，并拥有地方行政长官的权力。然后是咨询机构，即十六位旗手和十二位贤人；然后是市民委员会和城市公社委员会，其唯一的权力是否决立法提案，但这一权力相当大。

科西莫与这一切有什么关系？他只不过是皮袋里的一个名字，每隔一段时间，"市长"（市长没有政治权力，通常是外地人）就会从皮袋里抽出名字随机挑选各种政府机构的成员。袋子里的名字由每五年一次的"审查"决定，审查的标准包括年龄、财富、家庭、行会成员资格、犯罪记录等。在 1433 年推翻美第奇家族后，阿尔比齐家族举行了一次非常规的审查，以便将"合适"的名字放进袋子里。他们最大的失误是没有检查并剔除之前已经通过审查的名字，而只是增加了新的名字。正因如此，他们才会倒霉地恰好选出了一个亲美第奇家族的首长议会。

每当政府的工作陷入僵局，每当首长会议不断提出一些法案，但被市民委员会认定为"邪恶"并反复否决时，"大议会"就会被召集起来。人们蜂拥到市政厅广场，被胁迫让渡崇高的权力。虽然被描述成"蜂拥而至"，但在这个痴迷于档案的国家，却没有准确记录广场上参加大议会的人数，也没有记录显示投票分歧的情况。没有分歧，这便是一次纯粹的权力作秀，给攫取权力披上一层薄薄的民主外衣。

为什么城市首长不经常召集大议会呢？因为这民主遮羞布太薄了，不仅骗不了世人，甚至让当权者们无法假装自己被骗了。对佛罗伦萨人来说，认为他们平等地分享集体自治的过程是很重要的，这一点在今天依旧很重要。如果这种情况在很长一段时间内明显不存在了，那么叛乱就变得合法了。但是，就像"什么时候汇兑交易被认定为有利息的贷款？"或者"什么时候对教会的赞助是世俗权力的体现？"这样的问题一样，表象、观念、定义，尤其是用词是最重要的。

"我们城市的秘密"，佛罗伦萨人经常使用这句话，他们明白这句话的意思，但从不直白地说出来。之所以不明说，是因为这句话指的是事情应该如何做与实际是如何做的之间令人尴尬的差异。

科西莫结束流亡归来,大议会召开。大议会批准成立巴利阿委员会,这是一个在一定时期内拥有无限权力的大型议会。这也是一个非常模棱两可的说法,无限权力的阴影可能在多年后显现。这个议会有下达死刑的权力。巴利阿委员会确认了对被流放的阿尔比齐家族成员的判决,并下达了更多的判决。它宣布1433年阿尔比齐主导的资格审查无效,并下令烧毁该资格审查中增加的名字。它任命一组所谓的"召集人小组"(accoppiatori)重新进行资格审查。"召集人"就是把合适的名字和合适的袋子组合在一起的人,因为有些人适合在城市公社委员会任职,但不适合在权力很大的安保会议(由八名警察局长组成的委员会)任职。有些人适合担任城市公共债务委员会委员,但不适合担任比萨或沃尔特拉的行政长官。

问题: 在对所有男性人口进行资格审查这一复杂程序进行的同时,如何选出城市首长和正义旗手,即城市的行政长官?

答案: 召集人(也就是科西莫的心腹)会在每个选举袋中放入十个名字(这些名字当然都是从科西莫的核心圈子和外围圈子中挑选出来的),然后市长将从中抽选出临时的城市首长。根据巴利阿的规定,这种临时选举只存续几个月,是一项临时的选举安排。但完成资格审查的最后期限被推迟了,先是1435年4月,然后是6月、10月、11月,再到1436年3月。总之,事实证明,处理成千上万名字的全员审查比处理几个名字要困难得多。

1436年6月,审查工作终于完成了,但市民委员会和城市公社委员会被说服,以一票的微弱优势通过了一项法律,准许城市首长有权将在每只选举袋中只放十个名字(而非所有名字)的临时选举

（召集人制度）延长一年。城市首长们则每次都行使这项权力，延长一年，然后再延长一年。这样原本临时的召集人制度会一直轮转下去，好似这些黑心的公务员有固定的工作。"召集人"开始有了"掮客"的含义。城市首长们把他们的权力延长到第三年，这时候差不多又该进行一次全民资格审查了，虽然上一次审查的名字从未被真正使用过。

但当时战争正在进行，政府财政也陷入了绝境。当下不是审查民众和决定谁有权做什么工作的时候，团结是最重要的事情。月复一月，选举接踵而至，市政档案中记录着市长抽签出来的城市首长们的姓名，一如共和宪法诞生之初的情况。这一切都被包装得完全合法。

凭借惊人的"好运气"，科西莫总是在关键的时候当选为正义旗手，第一次是在他流亡归来之后，第二次是在东方教会的首领们抵达佛罗伦萨参加著名的 1439 年大公会议时，第三次是在 1445 年一个特别紧张的时刻。总之，他知道如何在关键时刻确保自己的名字会从袋子里抽出来。但在大多数情况下，科西莫都小心翼翼地躲在幕后，从不炫耀自己超越宪法的权力。"他将权力与优雅相结合。"马基雅维利在他的《佛罗伦萨史》中告诉我们。"他用得体的方式将权力遮掩起来。""每当他想要实现什么事情的时候，"维斯帕西亚诺·达·比斯蒂奇说道，"为了避免引起嫉妒，他竭力让人们相信这事是他们自己提出来的，而不是科西莫提出的。"

当然，大多数人向科西莫提的要求是，他们或他们的儿子、孙子和侄子希望得到什么样的政府或银行职位。乞讨职位的信源源不断地涌来，而这些职位原本应该由抽签来确定。科西莫倾尽全力，但无法让每个人都满意。市民委员会和城市公社委员会不满意：这还是佛罗伦萨的共和主义吗？1440 年安吉利战役之后，米兰军队被彻底打败，阿尔比齐家族对佛罗伦萨政权的威胁随之消除，公众舆论的压力如此之大，以至于传统的真正随机选举制度得以恢复，但这只维持了三年。1444 年，被科西莫流放的敌人们的十年刑期即将结束，一下子让七十个宿敌回归故土，卷土重来是很危险的。因此，大议会被胁迫同意成立巴利阿，从而再次暂时放弃了无限的权力。政敌们的流放刑期又延长了十年。美第奇设计的选举"实验"重新开始。

1447 年，米兰维斯康蒂公爵去世。公爵非常任性，他没有将米兰及其所有领土的所有权留给弗朗切斯科·斯福尔扎，而是留给了阿拉贡的阿方索（Alfonso of Aragon），后者在 1442 年击败安茹家族后成了那不勒斯国王。除了维斯康蒂本人之外，所有人都无法想象位于最南端的那不勒斯国王同时也拥有 800 千米之外遥远北方的米兰，因此维斯康蒂这样做的唯一可能的动机肯定是为了最大限度地引起混乱和不满。事实上，米兰人民立即拒绝了公爵的旨意，发动叛乱，成立了共和国。米兰许多属城趁着权力真空的机会宣布独立；那不勒斯人向北进军托斯卡纳，意图"合法"夺取属于他们的东西；威尼斯人则趁乱向米兰西进。

弗朗切斯科·斯福尔扎觉得自己的遗产被骗走了，愤怒的他加入了新米兰共和国的战斗，以夺回其领土（和收入），但每当他取得胜利，就开始将这些领土据为己有。

伦巴第乱成一团。在接下来的两年里，所有的主要玩家都至少变换过一次阵营。因此，美第奇政权很容易坚持认为，现在不是随意选举政府的时候。科西莫宣称："设立召集人制度是为了维护佛罗伦萨的独立。"在此期间，有两个问题困扰着无休止的咨政机构（他们是科西莫的盟友），他们一直在研究选举问题。第一：为了安抚公众舆论和共和情绪，恢复全面随机选举的宪法制度最终是否不可避免？第二：如果不可避免，能否以某种方式保证现状（reggimento，现有权力分配）不变？科西莫在一次会议上宣布："必须高度重视选举的技术实操问题。"在一个民主国家，每当我们看到统治者沉迷于选举过程的"技术层面"，每当我们看到他们对选区规模或计票机器修修补补，我们就知道我们正在接近"我们城市的秘密"，即体面的外表与残酷的现实之间的鸿沟。这种时候，银行家们往往都在场。

在整个 15 世纪 40 年代和 50 年代，专政的巴利阿委员会被建立起来，成为半永久性制度，然后在公众的愤怒反对下突然解散。资格审查制度又有了新的规则。选举袋里要放多少个名字？同一个家庭有多少成员可以在同一个委员会任职？有的人只能在一个选举袋里有一个名签，有的人可以在很多选举袋里有很多名签。有些人被征重税而失去了资格，有些人则几乎不被影响。亚历山德罗·斯特罗齐（Alessandro Strozzi）在给他被流放的妹夫的信中痛心疾首地写道："谁能与美第奇家族保持良好关系，谁就能为自己带来好处。"市民委员会和城市公社委员会一次又一次地收到最模棱两可的立法，他们拒绝接受。但市政府还是改头换面再重新提出来。政府决心遵守法律条文，却很少遵守法律精神，这个过程令人筋疲力尽。科西莫的一些盟友要求采用更彻底、更决断的解决方案。他们对这种拉拉扯扯的政治博弈失去了耐心。"为什么我们不能直接完全掌控一切呢？"但科西莫早就明白（这点也体现了他的现代性）如果权力没有真正合法的来源，而总是被"攫取"，那么它充其量只能是临时的。因此，任何激烈而决绝的解决方案都将成为一个竖着靶子的堡垒，等待着被其他同样激烈而决绝的势力来攻打。最好的办法是不断进行谈判，随时准备妥协。归根结底，最重要的是让人们即使不能完全满意，也要足够满意。要把盖子盖住，要保持稳定。

所谓的回避（veduto）的概念非常重要。当市长从选举袋中抽出一个名字时，比如选举城市首长或十二贤人之一时，选举官员必须检查被选中的人是否在某些方面被禁止担任公职：他交税了吗？他或他的家庭成员在过去两年内是否担任过类似职务？他目前是否居住在佛罗伦萨？他或他的亲属是否已在其他议会或委员会任职？在过去，当选举真的是一次诚实的抽签时，可能会从袋子里抽出很多名字，才能抽到一个符合资格的人。回避的意思是"被看到"。实际就职则是"就座"（seduto）。由于决定哪些名字被放在哪个袋子里的审查结果是保密的，因此，能够在抽选城市首长，甚至更高一级的正义旗手过程中被抽中，但因回避不能就职仍是一种莫大的荣誉。这意味着你通过了严格的遴选程序，是一位受人尊敬的公民。当新的协商委员会召开会议时，是否有回避的经历往往是一个重要标准。

由于采用了新的"选举"形式——每个袋子里只有十个名字，而不是数百个，因此没有或很少有回避，这让人们感到失望。1443年，在短暂恢复宪法程序后，召集人恢复了对选举的控制，他们安排抽签，以便有大量的回避，就好像选举是以适当的随机方式进行的一样。简而言之，他们从袋子里抽出一些名字，这些名字他们早就知道是要回避的，这些人不是为了就职，而是为了成为回避。这个把戏是非常明显的，但人们还是很高兴。他们获得了荣誉，却没有承担责任。这就是虚假民主的特殊羞辱：受邀参与闹剧。这点即使在现代，我们也都感觉到了。事实上，科西莫正在创造一种新的公众人物：那些宣称相信制度公平性的人。因为制度给了这种人一个小小的甜头，一个公众的认可。制度好像对所有人一视同仁。在八位城市首长中，大多数都是美第奇家族的人，他们曾在各种位高权重的委员会中反复任职。但也有人知道他在这个高位上只会坐一届。他会花费大约 100 弗罗林，也许比一年的薪水还多，来购买城市首长昂贵的深红色礼服；他会受到所有亲戚的欢迎和祝贺。但在"掌权"的两个月里，他知道不能问任何问题，也不能试图影响决策。从现在起，他将永远支持美第奇家族。一位评论家写道："许多人被召来任职，但很少有人被召来统治。"

然而，无论美第奇家族掌控权力的机制有多么隐秘，其玩法已是司马昭之心，路人皆知。一群科西莫的心腹可以解决一切问题，而且在这个过程中变得越来越富有。外国使节们在科西莫的豪宅而不是在市政厅办事。米兰大使实际上就住在科西莫的家里。每项决定都需要美第奇家族的同意。意大利的其他领导人认为，科西莫在一切事情上都像一个王子，只是没有王子的名号而已。但是名号也有很大影响。否则，为什么王子们会如此在意自己的加冕礼呢？尽管有类似情况，但佛罗伦萨公民的处境与教皇国或米兰的臣民并不完全相同。他们同样无权无势，却被共和主义的花言巧语所嘲笑或奉承。他们不用以谦卑的方式向君主臣服，说："这是上帝的意愿。"也不能告诉自己："这个人是篡位者，我只是因为武力强迫而屈服。"那么他们为什么还要服从当局的命令呢？说到底，城市公社委员会和市民委员会仍然存在，他们可以否决法案。在美第奇家族统治下，佛罗伦萨人的思想不断被政治自由的理想所点燃，然后理想在现实中被挫败。激动人心的政治思想在长期独裁统治的沉闷现实中涌动。一旦战争结束，共和和专治的对决是不可避免的。

　　弗朗切斯科·斯福尔扎受雇于新成立的米兰共和国，与威尼斯作战，他还从美第奇银行获得了资金。但米兰人民很快就意识到，这位佣兵军阀实际上打算将这座城市据为己有。为了抵御他，他们背着斯福尔扎与威尼斯人媾和。但这还不够。斯福尔扎的军队围困了米兰，切断了它的粮食供应，以饥饿逼迫米兰投降。事情很明显，斯福尔扎是这个地方最强大的军事存在。随后，科西莫震惊了佛罗伦萨以及意大利其他地区，他第一个正式承认这个泥腿子新贵为米兰公爵。科西莫的许多亲信都感到愤怒和怀疑，他这样做是为了确保银行借给斯福尔扎的巨额资金的安全吗？还是因为科西莫真的认定，威尼斯人对一个弱小的米兰共和国的进一步入侵将对佛罗伦萨构成严重威胁？还是两者兼而有之？

　　无论如何，美第奇银行在这一重大的联盟转换公之于众之前，已经从威尼斯撤出了资金和商品。沮丧的威尼斯人没有任何东西可以用来报复美第奇家族的背叛。他们气急败坏地派出特工前往佛罗伦萨煽动反美第奇的情绪，这种情绪充斥着佛罗伦萨的街巷。但当威尼斯与那不勒斯结盟，共同进攻佛罗伦萨和米兰时，佛罗伦萨人又转而支持科西莫了。

在意大利，团结的关键永远是有一个共同的敌人。马基雅维利在谈到佛罗伦萨人时说："只有在存在活跃的敌对势力时，得势的派系才能保持团结。"

最终，就在佛罗伦萨的战争开始变得相当糟糕的时候，一个给整个意大利带来威胁的敌人结束了这场新的混战。1453 年 5 月，奥斯曼帝国苏丹穆罕默德二世（Mehmed II）攻占君士坦丁堡。东方基督教世界彻底消失。强大的土耳其人立即开始袭击亚得里亚海沿岸。这可是一个像"9·11 事件"那样的警钟，是时候停止争吵了。1454 年，各方签署了《洛迪和约》；1455 年，罗马、米兰、威尼斯、佛罗伦萨和那不勒斯联合起来，冠冕堂皇地宣布成立"至圣同盟"（Most Holy League，或称意大利同盟），共同对抗异教徒。希腊人在圣灵的本质问题上如此固执，结果导致自己孤立无援地面对伊斯兰的洪流，但这对科西莫来说，无疑是一种幸运。

这突如其来的、意想不到的和平，佛罗伦萨的政治内战再也无法避免。由于军事冲突、1448 年的瘟疫和 1453 年的地震，佛罗伦萨的经济疲敝不堪，许多佛罗伦萨人都在挨饿。市议会坚持要求恢复旧有的抽签选举制度，不受召集人的干涉。他们刚刚如愿以偿，一个更加中立、不那么支持美第奇家族的正义旗手就推出了财产税，这严重威胁到了富人的利益。科西莫装出一副大义凛然的样子，同意征税，这时获得下层民众的支持对他来说非常重要。但他的同盟者们却很不满意。

社会名流们不得不变卖家产来支付新的财产税的税款。市政府仍不满足，他们现在还希望进行新的、自由和公正的资格审查，这意味着选举袋中会有更多反美第奇的名字。如果市政府真的是在对有资格任职的人进行公正评估后随机选出的，那会发生什么呢？美第奇家族又将何去何从？

极度紧张之下，美第奇家族抓住了首长会议换届选出一个支持美第奇政府的机会，要求委员会再次授予政府无限权力。但是市民委员会投票（事实上是用豆子）是匿名的，因此很难勒索或胁迫他们。当召开大议会的提议被又一次退回时，首长会议要求公开投票，因为这届政府两个月的任期即将届满。此时，安东尼诺大主教站到了市民委员会一边，威胁首长会议的恶霸们，如果他们试图以这种方式修改宪法，就将他们逐出教会。也许正是因为教会从美第奇那里拿了太多的金钱，所以他觉得有必要以此宣示自己的独立。城市公社委员会和市民委员会秘密投票，再次否决了立法提案。他们决心将说的和做的统一起来，佛罗伦萨必须按照宪法的规定进行治理，他们想要自由。

1458年夏天，作为最后的手段，支持美第奇的城市首长们决定召集大议会，这是自1434年以来的第一次，他们征得了科西莫的同意。他们还要等到米兰大使说服斯福尔扎向佛罗伦萨派兵。来自米兰的士兵驻扎在广场的各个入口处，就像大议会应有的样子一样进行着。年老、疲惫和患有慢性病的科西莫小心翼翼地没有出席会议。

一个新的百人委员会成立了，全权负责所有"安全事务"。这是一个永久性的巴利阿议会，但没有采用巴利阿这个代表独裁的名称。

从那时起，合法性的幌子就纯粹流于形式了：有限的几个人将继续互相选举这个或那个机构的成员，而不用担心受到干涉。你可以加入其中，但前提是你必须服从美第奇的指挥。任何真正的反对派都必须依靠武装对抗，但没有人有这个胆量。如果说这算是美第奇夺权成功，那么这无疑是科西莫的失败，他更喜欢愉悦的外表，更喜欢客户们感激涕零的合作，以及说服人们做一些他从未公开要求的事情的满足感。但是能够实现这些事情的说服工具——现代媒体、规模化生产和无孔不入的消费主义，在美第奇家族的时代还未出现。当时也没有人想过让两个表面上对立但暗中勾结的派别按照自鸣得意的"被赋予权力"的民众的意愿来轮流掌权的把戏。两党制伪民主的架构还远在未来。与此同时，科西莫的注意力更多地转移到死后的生活前景，原本的朋友们也逐渐变成了对手。

在美第奇银行的总部，乔瓦尼·本奇已经去世。事实证明，科西莫最喜欢的小儿子乔瓦尼·美第奇是个糟糕的替代者。他更喜欢贵族式的花天酒地，而不是计算利润和损失。由于过于肥胖，他在担任罗马教廷大使期间为自己买了一个漂亮的女奴照顾自己，这已成为家族传统。失望之余，科西莫把日内瓦总监弗朗切斯科·萨塞蒂召回意大利，让他在儿子身边工作，这表明这位老银行家已经失去了控制力。萨塞蒂无法胜任这一工作，他是靠奴颜婢膝取得高位的，因此无法严于管理美第奇家的纨绔子弟。米兰的分行也开起来了，但就像多年前在安科纳开设的分行一样，它主要是为斯福尔扎服务的。进出米兰的大宗贸易很少，因此几乎没有机会从汇兑交易中获利。虽然银行一般会给发展贸易的经济体带来好处，比如威尼斯，但在米兰，银行除了鼓励公爵花更多的钱外，什么也做不了。

尽管如此，至少意大利大部分时间都处于和平之中，科西莫为此立下了汗马功劳。科西莫的精明之处，不光在于他将佛罗伦萨的盟友从威尼斯转到了米兰，更在于他减少了权力游戏中主要玩家的数量，使之与可用的国家数量相匹配。以米兰为基地，斯福尔扎不再是一个散兵游勇、一个没有根据地的佣兵军阀。从此，他不再需要通过发动战争来获得收入。这有些歪打正着，科西莫并没有完全预见到这样做的后果。他本以为斯福尔扎会帮助佛罗伦萨征服卢卡，以偿还美第奇家族在他奋力成为公爵的过程中给予他的借款。相反，斯福尔扎挂剑封靴，与妻子和他的 19 个婚生和非婚生的孩子一起安居乐业，享受着他的巨额财富。

由于经常卧病在床，科西莫不再担任公职。他的儿子们也已步入中年，他们也都病倒了。他们都患有痛风。如果不在乡下的庄园里，他们三人都得被人抬着在城里修建的巨大豪宅里走来走去，穿梭于精美的收藏品和财富之间。当科西莫被抬起时，他因排尿困难而痛苦呻吟。他对柏拉图关于永生的思想产生了浓厚的兴趣，慷慨地支付费用来翻译哲学家的全套作品。现在他的大部分时间都在美第奇宫中心那间没有窗户、点着蜡烛的小教堂里度过。墙壁上，戈佐利精彩的《三博士朝圣》熠熠生辉，画中的科西莫和他的家人就在博士的身边，他们的驴子驮着沉重的货物，穿过遥远的风景，就好像银行和圣经混在了一起。有一只猴子坐在马背上，还有一只猎豹，银行偶尔也经营一些异国情调的动物。安东尼诺大主教最终没有因为 1458 年的政变而将任何人逐出教会，他特别谴责那些用无聊的东西分散观众注意力的所谓神圣的画作，尤其明确提到了猴子和猎豹。但教会对与之共存的独裁政权的反抗，仅限于此。

科西莫聆听了弥撒。祭坛上方是里皮可爱的《圣母子》（Virgin and Child）油画，还有一个圣物盒，里面装着耶稣受难的遗物，这些遗物难得一见。为了让他更有安全感，这里还有一条秘密通道，如果有人胆敢正面攻击美第奇宫，他可以从这里逃出去，当然是被人抬着逃走。正是在这个小教堂里，科西莫接见城市的当权者们，讨论"我们城市的秘密"。1459 年，弗朗切斯科·斯福尔扎的儿子加莱亚佐（Galeazzo）就是在这个小教堂里与科西莫会面。同样，曼图亚侯爵的儿子也是在 1461 年在此与他会面。后面那次会面，科西莫和皮耶罗都因痛风而疼痛难忍，无法带这个年轻人参观美第奇的豪宅。只有乔瓦尼·美第奇还能行动，他一瘸一拐地走着，一只手搭在仆人的脖子上，这个肥胖的男人坚持说他要带客人参观，但在上楼梯时却放弃了。金钱和魔法在这里都无能为力。美第奇家族的男人们可以在全欧洲做货物贸易，但很少能爬到自家房屋的顶层。

乔瓦尼·美第奇于 1463 年去世。科西莫郁郁寡欢，他知道自己将会是"下一个"。葬礼的安排经过了仔细的讨论，毫无疑问，这其中包括钱财的交易。科西莫将被安葬在圣洛伦佐教堂中殿的正中央，圣殉道者的遗物近在咫尺。在石棺上方，一根石柱将石棺与教堂地板上的墓碑连接起来，墓碑是一个用大理石围成的白色圆形，包裹着两个交叉的长方形，一种神奇的图案，显然象征永恒。今天，当人们参观圣洛伦佐教堂时，会带给人们一种既不显眼又绝对核心的感受，正如银行家的职业一样，几乎不被注意到，却是信徒脚下的基石。最后一笔慷慨的捐赠用于为科西莫的灵魂每年 365 天弥撒，并为包括 4 名女奴在内的所有送葬者提供最优质的丧服。这是我们仅有的关于科西莫女奴们的信息。

5

贵族的血液与
白色的大象

Medici Money

*Banking Metaphysics, and Art
in Fifteenth-Century Florence*

在 1466 年 8 月炎热的白天和夜晚中，佛罗伦萨的街道和宫殿里上演了一出古老的剧本。这座城市又一次被分成了两个武装阵营，权力再一次易手。然而，主要演员们似乎有些意外地犹豫不决，他们似乎不愿意重演已经上演过无数次的戏码，又或者不知道在这个崭新的时代该如何前进。

科西莫死了，事情必须有所改变。当叛乱者来寻求支持以推翻银行家的政权时，被流放的帕拉·斯特罗齐告诉吉罗拉莫·马基雅维利，"科西莫在的话，你的计划是不可能实现的，科西莫死了的话，你的计划就没有必要。"科西莫备受尊崇，而且他有钱，其他古老而富裕家庭的成员将他称为"父亲"。但他们告诉自己，这个政权是和科西莫一起建立的，而不是为科西莫建立的，当然更不是为了科西莫的儿子。皮耶罗没有世袭的权力，没有出众的魅力，也许也没有他爸爸那么多钱。美第奇银行陷入了困境，实际上整个银行业普遍陷入困境。

因此，在 1458 年，对美第奇家族的攻击来自依据宪法的立法机构，而当时（1466 年），是来自科西莫在政权中的前任伙伴们——那些几十年来一直代表他操纵宪法的人，这显然更为严重。突然之间，四个精明的老人开始谈论自由了。

迪耶蒂萨尔维·内罗尼（Dietisalvi Neroni）是科西莫最资深的合作者之一，也是这座城市新任大主教的兄弟，当美第奇宫殿的扩建计划有可能遮挡他自己豪宅的光线时，他非常恼火，这种轻视显然会被视为他的重要性下降的信号。科西莫死后，内罗尼立即写信给米兰的弗朗切斯科·斯福尔扎，表示正如科西莫生前被执政成员视如父亲一般，现在他们将成为皮耶罗的父亲，也就是说，美第奇家族不再是唯一的领导家族。这是一个寡头共权统治，而非子承父业的君主制。

阿格诺罗·阿奇奥利（Agnolo Acciaiuoli）和科西莫一样，在15 世纪 30 年代因反对里纳尔多·德利·阿尔比齐而被流放，所以从一开始就加入了美第奇政权。但在 1463 年，阿格诺罗的儿媳抛弃了丈夫拉斐尔（Raffaello）。她抱怨说，自己的丈夫喜欢小男孩，而公公阿格诺罗又很粗暴。她想要回自己的嫁妆。作为一个巴尔迪家族的女孩，这可是一笔巨款，8 500 弗罗林。科西莫被召来仲裁，他说年轻的妻子应该拿回她的嫁妆，之后她可以按照自己的意愿决定是否回到丈夫身边。阿格诺罗对此并不满意，尤其是在科西莫承诺了自己的另一个儿子洛伦佐·阿奇奥利（Lorenzo Acciaiuoli）将获得托斯卡纳的下一个主教职位，但最后却让自己的亲戚菲利波·德·美第奇（Filippo de' Medici）取而代之之后，阿格诺罗更加不满了。那个主教职位在敏感的比萨城。"科西莫和皮耶罗是冷漠无情的人，"阿格诺罗在写给弗朗切斯科·斯福尔扎公爵的众多信件中的一封中写道，"疾病和年龄让他们变得如此懦弱，以至于他们逃避一切困扰他们或需要付出努力的事情。"自从米兰军队主持了1458年的大议会之后，似乎每个人都渴望向斯福尔扎自荐，以成为政权的下一任领导人，只有卢卡·皮蒂（Luca Pitti）是个例外。

年近七旬的皮蒂一直是科西莫小圈子里最专制、最反民主的成员之一。作为正义旗手，他亲自召集了1458年篡权的大议会，终结了共和派的反对。他没有受到过美第奇家族的轻视，但作为一个极其富有的银行家，卢卡正在建造一座超越城里任何一座建筑的宫殿，既然科西莫已经不在了，他也无意向任何人屈膝。1465年11月，当皮耶罗坚持说他已经得到了斯福尔扎对佛罗伦萨管理权的支持时，皮蒂回答说他宁愿被魔鬼统治也不愿被米兰统治。他一下子成了反对派的代表人物，但反对派在对外政策上似乎并不完全一致。

尼科尔·索德里尼（Niccolò Soderini）是第四个人，也是最有魅力的人，可能他确实是一个狂热的共和主义者。又或者，他想要的只是重组那些选举袋里的名字，以确保上层阶级的寡头统治中没有一个家族能够垄断权力。佛罗伦萨的精英阶层一直厌恶科西莫的狡猾习惯，他喜欢拉拢"卑劣的新人"，这些人给他带来了能与老家族势力对抗甚至反超的权力基础。尼科尔可能也对自己的弟弟托马索·索德里尼（Tommaso Soderini）成为美第奇派系的重要人物感到不满。在佛罗伦萨，家族关系总是像一张厚厚的网，时紧时松。例如，科西莫一直认为阿格诺罗·阿奇奥利对自己的侄子皮

耶弗朗切斯科·德·美第奇（Pierfrancesco de' Medici）造成了
不良的影响，而皮耶弗朗切斯科却娶了阿格诺罗的女儿劳达米娅
（Laudamia）。皮耶弗朗切斯科非常重要，作为科西莫弟弟洛伦佐的
独子，他持有美第奇家族在整个银行中百分之五十的股份，不过他
并没有为银行工作，也没有在政府中担任要职。科西莫去世后，皮
耶弗朗切斯科理论上成了与皮耶罗平等的合伙人。由于他在拉拢盟
友方面没什么花销，使得他比皮耶罗拥有更多的现金。

　　当科西莫不在人世，他的权威到底在多大程度上依赖于共识，
这一点很快就清楚了。八位警察局长的特殊职权，即所谓的"otto di
guardia"（八人共享城市警备，拥有流放罪犯的权力），即将失效。
皮耶罗希望延长这些权力，政权中的其他老人们反对他。最终这份
特殊职权没有得到延续。皮耶罗想让召集人继续选择一个安全的、
支持美第奇的市政府。元老们坚持恢复完全随机的选举。元老们再
次取得了胜利。出人意料的是，第一个随机选出的正义旗手正是四
大反对派之一的尼科尔·索德里尼。他在 1465 年末执政的两个月里
毫无建树，但却让全城意识到两派已经彻底决裂了。阿奇奥利后来
说："我们已经分裂了大地，分裂产生领袖，领袖变得紧张。"

　　皮耶罗完全有理由感到紧张。从科西莫手中接过银行后，他发
现银行业务过度扩张，资金不足，捉襟见肘。他开始催缴贷款，这
是他暗中的敌人迪耶蒂萨尔维·内罗尼建议他这么做的吗？在《佛
罗伦萨史》中，马基雅维利声称这是内罗尼的诡计，目的是让皮耶
罗不受欢迎。成功的教父们不会采取信贷紧缩政策。在催缴贷款的
过程中，许多公司倒闭了。人们怨声载道。前往美第奇豪宅的请愿

者一下子少了很多。每个人都在向卢卡·皮蒂更加宏伟的宫殿致敬。一种对立的关系网正在逐渐形成。

屋漏偏逢连夜雨，1466 年 3 月，弗朗切斯科·斯福尔扎去世了。公爵的妻子和儿子立即请求佛罗伦萨共和国提供一笔贷款，金额为 60 000 弗罗林，以支付军队的费用，从而保证斯福尔扎家族在整个米兰属地的继承权。迪耶蒂萨尔维·内罗尼和阿格诺罗·阿奇奥利立即改变了对米兰的立场。在多年寻求斯福尔扎的支持后，他们已经不愿意向斯福尔扎的继承人提供贷款了，因为斯福尔扎继承人的军队当然就是忠于皮耶罗的潜在军队。

形势在加速恶化。1465 年 5 月，佛罗伦萨的 400 名显贵公民宣誓并签署了一份誓言，要求恢复通过抽签选举的旧共和制度。皮耶罗的堂兄皮耶弗朗切斯科·德·美第奇也签了字。是他阿奇奥利家族的妻子或他那善于说服人的岳父促使他做出这一举动的吗？或者他认为如果银行退出政治舞台会令业务发展得更好吗？对于皮耶罗来说，原因已经不重要了。这些天来，他被痛风折磨得半身不遂，有时唯一能动的就是舌头。他的主要商业伙伴在占他便宜。每个人都能看出他有多虚弱。

1465 年 6 月，政府开始就解散所谓的百人会进行辩论，百人会是美第奇家族在 1458 年议会之后成立的常设机构，负责批准美第奇政府的一切要求。随着百人会的解散，旧宪法将彻底回归，美第奇家族的权力也将终结。帕拉·斯特罗齐预见到在科西莫死后变革即将到来。皮耶罗将被击败，除非……除非他自己能够带来另一种变革，即家族的蜕变以及家族与政权中其他大家族的关系的改变。在托斯卡纳这个漫长而闷热的夏天，政治紧急状态加速了几十年来的趋势，并最终创造出新的东西。

我们已经说过，金钱的真正麻烦在于它不尊重传统的等级制度。最普通的工匠也能发大财，开始穿着昂贵的深红色衣服大摇大摆地走来走去。封建秩序崩溃了，但一旦取得财富，金钱恰恰可以追求那些据说是买不到的东西。也许第一代人对获得物质财富感到满足，但第二代人却渴望获得不以金钱为基础的尊贵，这种尊贵在过去只有出身才能给予。归根结底，个人，即使是最富有的人，也不愿意用金钱来衡量自己的价值，尤其是如果钱不是他自己赚来的。因此，我们又回到了阿喀琉斯的信念，即人类的独特性是无价的，这也是每一个势利眼的根本问题所在：我希望与众不同，但如何才能与众不同呢？

教育是一个很好的开始。用钱买教育，教育就会产生超越金钱的价值，艺术也有同样的效果。加莱亚佐·斯福尔扎（弗朗切斯科的儿子）在参观美第奇宫的艺术珍品时惊叹道："光靠金钱是无法与这里的艺术相媲美的。"然而，一切都是用钱买来的。

一个富有的银行家应该接受怎样的教育？乔瓦尼·迪·比奇在为科西莫提供人文主义教育时，所做的不过是追随潮流而已。在西塞罗的熏陶下，这位年轻人被高尚领袖的理想所吸引。他渴望成为这样的人。佛罗伦萨的宪法采用抽签选举制度，禁止这种野心，但它又是如此软弱无力，以至于或多或少地纵容了有钱人去用他的财富获取一种模棱两可、隐秘的权力。如果说任何民主制度的巨大问题之一是如何处理大笔金钱，及其随之而来的政治野心（无论卑鄙还是高尚），那么佛罗伦萨显然做错了。

毫无疑问，科西莫意识到了自己内心的许多冲突：私人利益与公共利益之间的冲突，世俗财富与上天堂之间的冲突，他决定让三个儿子从事不同的职业。皮耶罗是长子，将被培养为政府官员；乔瓦尼是宠儿，将被培养为银行家；卡罗是私生子，有着外国面孔，可以进入教会。这就好像科西莫成就中的三股力量可以分开。尽管科西莫的天赋在于将这些力量交织在一起。

精心制定的接班计划没有考虑到性格和环境因素。卡罗当一位主教已经够开心了，但肥胖的乔瓦尼却对银行业务提不起兴趣。他快乐开朗、受人爱戴、爱慕虚荣，他选择了孔雀作为自己的个人标志。科西莫不明白儿子为什么要在菲耶索莱建造一座庄园，周围却没有农田，他向科西莫解释说："为了欣赏美景。"对科西莫来说，别墅就是农舍。给孩子们提供昂贵的教育，他们的价值观就会开始转变。科西莫本该对此有所准备，因为他自己所受的教育导致他与父亲的生活方式大相径庭。

皮耶罗一心想取悦科西莫，也许正是因为他并不受父亲的宠爱。皮耶罗最擅长监督科西莫的建筑和艺术项目，他是一个狂热的收藏家，钟情于奢华的家具和精美的室内装饰，常常花几个小时欣赏堆积如山的彩绘手抄本或者古币收藏。他睡在绣有家族盾徽的丝绸床单上。但他父亲坚持说，你必须接受如何管理政府的训练。皮耶罗尽职尽责地接受了这个训练。他担任过许多政府职位：城市首长、召集人甚至是正义旗手。他选择了猎鹰作为自己的标志，因为猎鹰总是忠实地回到主人身边。人们在请愿信中这样称呼他："像您父亲一样尊贵的主人。"多纳托·迪·内里·阿奇奥利（Donato di Neri Acciaionli）在为《汉尼拔和西庇阿·阿非利加努斯的一生》（*Life of Hannibal and Scipio Africanus*）所写的献辞序言中写道："他是其父令人钦佩美德的忠实模仿者。"尽管他尽力模仿，但皮耶罗并不能扮演科西莫的角色，因为科西莫的权力，并非继承来的。

有人指责科西莫急于成为国王，但这并非事实。他喜欢复杂、暧昧的环境，喜欢佛罗伦萨人不顾宪法规定抬高他的地位，但不想称王。佛罗伦萨已经剥夺了封建贵族的特权，不想再回到过去。然而，教育和环境却在银行家的孩子们身上滋生了贵族苗头。他们的生活开始变得与贵族一样。他们一定开始遐想，是否有可能发明一种贵族制度，一种新的、更复杂的版本，不是简单粗暴地夺取权力，而是通过两三代富裕且饱读诗书的人，创造出一种新的世袭特权？

未来几个世纪欧洲的前途将取决于这个问题的答案。当然，答案是否定的。金钱和文化并不意味着可以将政治权力传给子孙。然而……如果足够开明，如果有强有力的宣传支持，如果与其他有类似妄想的人或曾经被尊为皇室贵胄的家族结交连理、不停通婚，也许有可能通过昂贵的模仿来说服世界，接受事实上的君主制。特别是公开场合下，享有特权的人总是愿意宣称自己是普通公民，那么这种伪君主制就更容易被人接受。1466年夏天，皮耶罗·德·美第奇瘫痪在丝绸床单上，简直就像蛹变成了蝴蝶。在这一年结束之前，他将使美第奇家族摆脱旧佛罗伦萨寡头政治的束缚。有了靠放贷赚来的翅膀，美第奇家族的银行家们终于可以飞黄腾达了。这个痛风病人正在策划一场让共和派羡慕嫉妒至生恨的联姻。

与艺术和教育一样，婚姻涉及金钱的交换，但也有可能产生超越金钱的魔力。这些都是生活中有趣的事情，可数与不可数的价值在这里摩擦出火花。传统上，新娘必须用嫁妆购买得到丈夫保护的权利。皮卡尔达·德·布埃里的 1 500 弗罗林对丈夫乔瓦尼·迪·比奇的初始投资至关重要。布埃里家族是实力雄厚的佛罗伦萨商人，仅此而已。皮卡尔达的一个远房表亲将作为美第奇银行在吕贝克的代理人，负责从斯堪的纳维亚收取教皇会费；从事毛皮、琥珀和亚麻布贸易；用意大利语记账，以躲避当地的税务官。

但是，男子或替他筹谋的父母也可以选择接受较少的金钱来换取更高的声望。康泰西纳·德·巴尔迪的家族并不十分富裕，她并没有给科西莫带来多少现金，但她仍然是巴尔迪家族的一员。这是一个有价值的联盟。为科西莫的儿子皮耶罗挑选的妻子卢克蕾齐娅·托尔纳布奥尼（Lucrezia Tornabuoni）带来的钱更少，只有 1 000 弗罗林，但却换来了更高的声望。卢克蕾齐娅的家族曾经是贵族，为了避开禁止贵族参与公共生活的禁令，她将姓氏从托尔纳昆齐（Tornaquinci）改为托尔纳布奥尼（Tornabuoni）。这个女孩有着蓝色的贵族血统。这是一个相当奇怪的现象，佛罗伦萨人禁止贵族行使政治权力，却仍然对他们的血统印象深刻。许多现代民主国家仍然为这一矛盾所困扰。然而，卢克蕾齐娅通过贵族教育和贵族血统来合法化其特殊地位。但"受过高贵的教育"这事真的成立吗？这种说法不就意味着人们已经接受了教育可以换到某些权力这个大前提吗？无论如何，卢克蕾齐娅博览群书。她写过虔诚的诗歌，是宗教团体吟唱的那种。她自己做了些小生意，重新开发了一些破旧的硫黄浴池，这无疑是为了她家族中那些关节痛风的人考虑的。

卢克蕾齐娅接受了皮耶罗的私生女玛利亚——这些小考验是与权力相伴而生的——卢克蕾齐娅生下了两个女儿比安卡和卢克蕾齐娅（Lucrezia，与母亲同名），以及两个儿子洛伦佐和朱利亚诺（Giuliano）。最重要的是，她在洛伦佐的贵族教育中起到主导作用。当洛伦佐到了谈婚论嫁的年龄时，她在替儿子选择合适妻子方面发挥了重要作用。由于皮耶罗的身体非常虚弱，洛伦佐必须趁着家族还有影响力的时候早早结婚。在罗马，美第奇家族的银行家已经在为奥尔西尼（Orsini）家族女儿的婚事进行谈判。这是一个由封建领主、红衣主教和贵族组成的家族，一个拥有私人军队的家族。不可避免地，美第奇与奥尔西尼可能联姻的消息激怒了佛罗伦萨的反对派。皮耶罗为什么要在他乡为儿子寻找妻子，而不是找本地豪族？人们开始抱怨，马基雅维利说，"不把公民当亲戚的人，就想把他们当奴隶"。在银行家和封建主混在一起之前，皮耶罗必须熬过1466年这个危险的夏天。

瘫痪在床的皮耶罗要求列出支持他的人和反对他的人。有趣的是，这两个名单包括很多相同的名字。这是个好兆头：人的思想是可塑的，或者说很容易受到赞助人的影响。八月下旬，这位病人制造了一个事件。皮耶罗声称，有人埋伏在用轿子抬他从卡雷吉的家族别墅往佛罗伦萨的路上，准备在途中刺杀他。刺客是费拉拉侯爵博尔索·德·埃斯特（Borso d'Este）的军队，他们受雇于卢卡·皮蒂和阿格诺罗·阿奇奥利。这个阴谋真的存在吗？反正皮耶罗是这样一口咬定的。总之，他动员族人拿起武器作为回应。突然

153

间，城北的整个美第奇乡村都开始动员起来了。多达两千人的米兰军队也从博洛尼亚赶来了。"我需要 10 000 弗罗林，马上。"皮耶罗告诉他的生意伙伴兼堂兄皮耶弗朗切斯科快点把巨额军饷准备好。

尽管皮耶弗朗切斯科曾宣誓捍卫共和国，但他还是服从了皮耶罗的命令。为什么呢？是他真的相信这个不可能的暗杀故事吗？是他害怕皮耶罗被杀后，银行会倒闭吗？不管是什么原因，他立刻拿出了这笔巨额现金。几小时后，镇上所有的面包、葡萄酒和武器都被买走了，这些物资吸引着摇摆不定的人。美第奇宫周围架起了脚手架，为美第奇的军队提供了有利的防御位置。最近的城门也被占领，以便友军进入城内。胆小鬼必然会逃避需要冒风险的事情，不出意外的，反对派落入了下风。他们确实与费拉拉的博尔索·德·埃斯特结成了同盟，但他们能在美第奇家族的米兰援军到达之前，把这位伯爵和他的军队带进城吗？他们是否愿意像皮耶罗那样，把手深深地插进自己或别人的口袋里挥金如土？他们还在观望。尼科尔·索德里尼坚持要拿起武器对抗美第奇的政变。他们现在必须骑马沿街呐喊，唤醒那些毫无疑问站在他们一边的普通人。他们必须攻击皮耶罗的豪宅，没有时间可以浪费了。但其他人却犹豫不决，如果人民获胜后想要真正的权力呢？如果在洗劫了皮耶罗的豪宅后，平民们开始攻击其他豪宅呢？半夜，武装人员狂敲美第奇宫的大门，皮耶罗的守军陷入了恐慌。结果发现不过是虚惊一场，门外是安东尼奥·里多尔菲（Antonio Ridolfi）率领的另一支加入美第奇家族武装的支持者。就这样，反对派错过了取胜的时机。仅仅有钱是远远不够的，比如斯特罗齐家族在 1433 年就比美第奇家族拥有更多的钱，而他们还是被流亡了。财富是重要的，但更重要的是，知道在必要的时候如何散财花钱，并且永远不能吝啬。

皮耶罗在 8 月 27 日，也就是抽签选出新任正义旗手的前一天，上演了这场闹剧。这是因为他担心如果抽签结果对他不利，他需要武装起来保护自己？还是因为他已经在选举中做了手脚，知道选举结果会对他有利？事实证明，新任正义旗手明显支持美第奇家族。不管选举是否有问题，没有什么比这场武装冲突更清楚地表明，佛罗伦萨需要一种不那么反复无常的选举方式了。

在政府交替之前，有一个四天的过渡期。佛罗伦萨被来自双方的外国军队包围着，任何事情都有可能发生。谈判开始了。为了阻止擦枪走火，皮耶罗做出了各种承诺。在幕后，美第奇银行的总经理弗朗切斯科·萨塞蒂去和年迈的皮蒂谈判：是时候改变立场了，卢卡·皮蒂是反对派的代表人物，他最终背叛了自己的朋友，以换取三项保证：承诺给他自己一个新政府中的高阶职位；任命他的弟弟为城市警长（otto di guardia，拥有流放权）；让他的女儿弗朗切斯卡（Francesca）嫁给"一个与皮耶罗非常亲近的人"。皮蒂默认所谓"与皮耶罗非常亲近的人"指的是皮耶罗的长子和继承人洛伦佐。

几天后，这场政变中的政变进入高潮，卢卡·皮蒂而不是皮耶罗·德·美第奇提议召开大议会。两千名米兰士兵"维持"会场秩序。皮耶罗的儿子，17 岁的洛伦佐全副武装，骑着马加入了他们。这真是一场好戏。在很短的时间内，政权的所有（便于美第奇家族控制选举的）旧的选举控制措施都被重新启用。新的委员会被组织起来，美第奇家族又一次拥有了无上的权力，在不可避免的流放判决下达之前，美第奇家族的反对者迪耶蒂萨尔维·内罗尼、尼科尔·索德里尼和阿尼奥洛·阿奇奥利逃离了城市。如果说 1458 年的危机确定了国家政权与政府机构之间的关系，那么 1466 年的议会则将美第奇家族的地位确定为对政权的完全主宰。

卢卡·皮蒂作为背叛者，被鄙视、被蔑视，但他还是如愿以偿地得到了新政府的高官职位，他的弟弟也成了八名城市警长中的一员，从而确保他免于流放。但他年幼的女儿弗朗切斯卡没能嫁给洛伦佐，她被许配给了洛伦佐的叔叔，皮耶罗的妹夫，36 岁的乔瓦尼·托尔纳布奥尼，他是罗马美第奇银行的掌门人，已经在为侄子把奥尔西尼家的千金迎娶到佛罗伦萨的谈判中取得了进展。

卢克蕾齐娅·托尔纳布奥尼抱怨说："她走路时头有点低。"政变危机发生六个月后，洛伦佐的母亲来到罗马打量她未来的儿媳时说，"我想这可能是由于害羞。"这个孩子有胸部吗？"很难说，因为这些罗马人的穿着（实在看不出来）。"但这些都不重要，"除了一半的里通多丘，"卢克蕾齐娅在给皮耶罗的家信中写道，"他们家还拥有另外三座城堡……日子过得一天比一天好，因为他们除了是红衣主教、拿破仑大主教的外甥外，还通过他们的父亲那边的血统，成为上述几位大人的二表侄，备受宠爱。"这才是最重要的。"女孩 16 岁，哦，她叫克拉丽斯（Clarice）。"后来的婆婆在第二封信写到一半时才想起提到儿媳的名字。年仅 18 岁的洛伦佐被带往南方查看"货物"，并表示他可以接受。美第奇家族即将迈入另一个阶层。但也埋下了日后银行破产的伏线。

吉兰达约（Ghirlandaio）的作品《施洗者约翰的诞生》（*Birth of John the Baptist*）（局部），位于新圣玛利亚教堂（托尔纳布奥尼礼拜堂）。根据乔瓦尼·托尔纳布奥尼的指示，画家似乎对描绘这些 15 世纪的观众——托尔纳布奥尼家族的妇女——比圣经场景本身更感兴趣。戴着白色头巾的两位女性中，年长的一位是洛伦佐的母亲卢克蕾齐娅·托尔纳布奥尼。

"这家公司曾经提拔每一个工作出色的人，而不考虑任何家庭或特权。"早在 1453 年，罗马分行副行长莱昂纳多·弗尔纳奇（Leonardo Vernacci）就曾写信给时任美第奇总行副行长的乔瓦尼·迪·科西莫，抱怨乔瓦尼·托尔纳布奥尼的晋升问题。1443 年，年仅 15 岁的托尔纳布奥尼加入了公司，同年皮耶罗迎娶了他的妹妹卢克蕾齐娅·托尔纳布奥尼。弗尔纳奇指责年轻的托尔纳布奥尼总工。现在他的职位竟高过了才华横溢的年轻人亚历山德罗·巴尔迪（Alessandro Bardi），后者因此辞职。托尔纳布奥尼写信给妹妹的丈夫皮耶罗（而不是妹妹），抱怨这些小报告。"弗尔纳奇监视我，还偷看我的信件！"1465 年，当皮耶罗提拔他的姐夫担任罗马分行行长时，弗尔纳奇厌恶地离开了银行。

乔瓦尼·托尔纳布奥尼没有什么特殊才能，他固执、易怒且自大，但作为家族近亲，他还是出现在贝诺佐·戈佐利绘制的美第奇宫小礼拜堂中的三博士游行队伍中。在中年之后，他自己也委托制作了一些精美的壁画，开始主要是在罗马。1477 年，在卢卡·皮蒂（Luca Pitti）送给他的年轻妻子去世后，他又回到了佛罗伦萨的新圣玛利亚教堂，画家吉兰达约在这里描绘了已经年迈的托尔纳布奥尼和他的亲朋好友，他们的姿态明显是家长式的。在《天使向撒迦利亚显圣》（*The Angel Appeared to Zecharias*）这幅壁画中，宗教主题低调地淡出了背景，而身着长袍、头戴礼帽的当代佛罗伦萨元老人物则在这幅后来几乎是新闻作品的场景中占据了主导地位。

在《施洗者约翰的诞生》中，托尔纳布奥尼的女人站在舞台中央，完全取代了《圣经》中的场景，展示她们精心剪裁的现代服饰和清晰可辨的家居首饰。这是对科西莫早期教堂赞助艺术品的傲慢但始终优雅的模仿，在当时，银行家充其量只能通过他敬奉的圣徒悄悄进入画面。如果说15世纪30年代圣马可教堂的壁画让神圣的空间少了几分禁忌，让忙碌的银行家们多了几分喘息的机会，那么在新圣玛利亚教堂的托尔纳布奥尼礼拜堂里，这个空间则毫无疑问地被霸占了，与当代意大利贵族的世界完全混淆在一起。不过，作为罗马美第奇银行的主管，乔瓦尼成年后一直在教皇宫廷中度过，他越来越关注奢华、声望和权力，而不是神学。具有讽刺意味的是，教会越是世俗化，它对托尔纳布奥尼这样的银行家的吸引力就越小，也就是说，教会作为客户的吸引力就越小。教皇官僚机构的成本在飙升（500名雇员变成了2 000名），裙带关系的代价也同样高昂。更不用说对扩张主义战争的渴望。从15世纪60年代起，美第奇银行借给教皇的钱就超过了教皇贡品佣金带来的收入。很快，就出现了典型的情况：大客户欠了银行太多债，而银行却深陷其中无法抽身。

弗朗切斯科·萨塞蒂是戈佐利著名的"三博士游行"中与美第奇家族画在一起的另一个人，他于1453年被任命为银行的副总裁，当时乔瓦尼·迪·科西莫显然没有发挥他在最高职位上的重要作用。和托尔纳布奥尼一样，弗朗切斯科·萨塞蒂在三十多岁时娶了一位十五岁的上流社会女子为妻，他也请吉兰达约为他的家族小教堂（这次是圣特里尼塔教堂）作画（站在洛伦佐·德·美第奇旁边）。这是一场竞争吗？如果美第奇家族通过婚姻、教育和赞助成为贵族，那么他们周围的人显然认为他们自己应该也必须占据更重要的地位。

现在，银行的结构发生了变化，最终导致这种趋势失控。每当公司合同的一方签署人死亡，合同就会自动解除。在 1443 年至 1455 年的辉煌时期，乔瓦尼·本奇作为美第奇控股公司的总经理，签署了公司所有分支机构的合同；因此，在他去世后，银行的所有合同都必须重新签署。借着这个重签的时机，控股公司的架构被放弃了。没有任何信件或报告可以解释这一最终导致银行倒闭的致命决定。美第奇家族在银行的每个分行中的股份将由家族成员与当地经理直接持有，而不是通过控股公司持有。这意味着整个银行的总经理不再通过他在控股公司的股份而在每家分行中都拥有个人财务利益。例如，弗朗切斯科·萨塞蒂在 1458 年至 1490 年的大部分时间里一直担任银行的最高职位，但他个人只拥有阿维尼翁和日内瓦分行的股份。就他个人而言，其他分行都是亏损的也不重要，只要阿维尼翁和日内瓦两个分行赚钱就行。果不其然，在他领导的三十多年间，大部分分行都出现了大幅亏损。但与此同时，萨塞蒂本人却变得异常富有。到 1462 年，除了房子、农场、珠宝和其他贵重物品外，他还积累了 45 000 弗罗林的财富。这一切都是通过他在那两家分行持有的股份赚来的。四年后，在银行亏损更加严重的时期，他的财富增加到了 97 000 弗罗林，足以自己创办一家大银行。这笔钱中的大笔款项，以"天主圣监修道院"或"佛罗伦萨的一位朋友"等名义存放在美第奇银行的匿名账户中。由于当时每个人都明白，学识渊博会使贵族身份更加显赫，萨塞蒂还建立了一个图书馆，一个非常庞大的图书馆。每本书上都有一个书签，上面写着他的名字和小小的箴言：À mon pouvoir（在我的权力之下……）。

但是，有一件事萨塞蒂从来都无法控制，那就是美第奇银行远在各地的分支机构的决策，而这些决策本应由他来协调。毫无疑问，问题的部分原因在于，由于没有控股架构，他感觉没有紧迫的个人需求让这些分支机构保持一致。这些分支机构的经理们现在与萨塞蒂和美第奇家族一样，都有宏伟的个人抱负（或者说"欲望"），这加剧了这种状况。萨塞蒂抱怨说："他们中的大多数人都为所欲为，毫无顾忌，自由度太大。"这些人所做的主要是将银行的钱过多地借给他们希望与之共度时光并希望自己也爬入那个阶级的人：国王、王子、公爵、领主和红衣主教。

此时，波尔蒂纳里兄弟再次登场。1431 年，当他们负责佛罗伦萨分行的父亲去世后，科西莫将皮杰罗、阿克里托和托马索这三个男孩接到了自己家中。当时最大的孩子 10 岁，与皮耶罗的弟弟乔瓦尼·迪·科西莫同龄。当美第奇家族的孩子们接受昂贵的人文主义教育，阅读西塞罗和凯撒的著作时，皮杰罗·波尔蒂纳里却在 13 岁时离开了美第奇豪宅，开始进入银行工作，先是在罗马，然后是威尼斯。1452 年，他被任命为新开设的米兰分行的行长，该分行立刻充满了贵族气息。弗朗切斯科·斯福尔扎将多座年久失修的建筑交给科西莫作为银行的办公场所。科西莫请来了米切罗佐（Michelozzo），将这些建筑改造成了一座宏伟壮观的宫殿。因此，皮杰罗·波尔蒂纳里在担任行长的最初几年里，在很大程度上都在忙于室内装饰、进口挂毯和委托艺术家。毕竟，银行的大部分资金都用于向公爵贷款，而贷款的偿还方式是允许银行收取地方税。这些贷款的利息如此之高，以至于皮杰罗能够从美第奇银行的其他分支机构吸引资金，以继续资助公爵及其家族的奢侈开支。米兰因此耗费了大量资金，却没有产生任何财富。每个人都过着借来的奢侈生活。当时间开始耗尽，甚至公国的税收也不足以偿还公爵所欠利息时，银行干脆收回了斯福尔扎家族被当作抵押品的许多珠宝，并将它们送到威尼斯的保险柜中，以防米兰地方当局决定将它们没收。

这种毫无收益的资本支出很难让人满意，但至少皮杰罗是诚实的。然而在 1464 年，他一反银行过去的惯例，让他的弟弟阿克里托担任他的副手，形成了科西莫一直小心规避的"地方小团体"。皮杰罗于 1468 年去世后，当皮耶罗从佛罗伦萨派来一名普通员工检查分行的账簿时，阿克里托大发雷霆，并拒绝出示账簿。当时这家分行进行了各种不明智的贷款和支出。弗朗切斯科·斯福尔扎去世后，留下了巨额债务。"阿克里托一天比一天膨胀。"即将成为检查员的弗朗切斯科·诺里（Francesco Nori）抱怨道。三弟托马索·波尔蒂纳里从布鲁日的银行给皮耶罗写信说："我亲爱的哥哥皮杰罗尸骨未寒，就已经被人遗忘。你查他的事真是可耻。"对家族关系的隐晦呼吁奏效了。皮耶罗屈服了，将米兰分行行长的职位交给了阿克里托，而阿克里托在向公爵家族无休止的贷款中损失了越来越多的钱，直到 1478 年分行最终关闭。

与此同时，佛罗伦萨的其他银行也纷纷倒闭。15 世纪 20 年代中期，佛罗伦萨有 72 家银行；到 1470 年，只剩 33 家银行，在 1460 年皮耶罗召回贷款时导致 6 家破产。毫无疑问，这些银行倒闭的主要原因是历史学家尚不能很好地解释的贸易衰退，以及奢侈王公们的大规模坏账。然而，人们不禁会感到，在更深的层次上，可能整个佛罗伦萨人对银行业的态度已经发生了变化。昔日的谦逊，昔日对赚钱细节的热情，都已不复存在。传统上从事银行业务的家族现在已经习惯了他们的财富，并在寻找其他形式的刺激。托马索·波尔蒂纳里就是一个典型。

如果说科西莫的思维已经涵盖了整个欧洲——规划、计算、在整个欧洲大陆各个金融中心间织网——那么他的儿子皮耶罗那可怜的脑袋，当不得不接过他父亲的责任时，只是被那张网牵涉的许多拉扯所折磨。皮耶罗最终只能不断地处理各种坏消息，而这些坏消息大多来自布鲁日的托马索·波尔蒂纳里。

托马索从 3 岁起就成为美第奇家族的一员，1445 年，16 岁的他开始在布鲁日分行工作。1447 年，巴塞罗那的文图里和达万扎蒂银行倒闭，托马索的堂兄贝尔纳多·波尔蒂纳里被解雇，他也因此陷入财务危机。正如我们所见，1447 年的危机与该银行的传统业务有关，即基于三角贸易的带息汇兑交易。托马索是在美第奇宫殿中长大的，那里有这座城市最精美的艺术品，政客、大使和国家元首们来来往往，这让托马索将目光投向了更远大的目标。"别再花那么多时间在宫廷里了。"皮耶罗在他还是个普通职员时就已经写信警告过他。"谁会散布如此恶毒的诽谤？"托马索回答道。他声称正在努力争取向公爵首次出售佛罗伦萨丝绸。"你能给我一个助手吗？"他冷冷地补充道。皮耶罗不肯。

这位公爵就是勃艮第公爵，勃艮第公爵们偶尔也会卷入百年战争，但他们通常是站在英国一边，对抗他们的传统对手法国人。托马索没有得到银行的任何准许甚至没有通报，就为年轻的摄政王、后来的勃艮第公爵查尔斯·勒·泰梅雷尔（Charles le Téméraire）

当上了顾问，查尔斯·勒·泰梅雷尔通常被翻译为"大胆的查尔斯"，不过更准确的翻译应该是"鲁莽的查尔斯"。一位赢得如此美名的公爵很可能需要一位顾问来替他"搞"钱，但谁会借钱给他呢？托马索之所以被授予顾问一职，正是因为他有能力也愿意借钱给公爵。不是他自己的钱，而是美第奇银行的钱。就像罗马的乔瓦尼·托尔纳布奥尼在给佛罗伦萨美第奇家族的信中诋毁他的老板莱昂纳多·弗尔纳奇一样，托马索也开始写他的主管阿格诺罗·塔尼（Agnolo Tani）的坏话。"他非常粗鄙！"他告诉皮耶罗，"顾客恨死他了！"

塔尼和弗尔纳奇一样，都是老派的银行家，谨慎、保守、能干，没有特殊的家族关系。1465年，当塔尼去佛罗伦萨出差时，托马索威胁说："如果他回来，我就从银行辞职。"皮耶罗当时正被其他烦心事压得喘不过气来，无暇顾及其他，索性让托马索如愿以偿，得到了分行的最高职位。毕竟，两人是在同一个屋檐下长大的，大概有着相同的兴趣爱好。此时，美第奇银行的罗马、米兰和布鲁日分行都是由那些认为自己跟美第奇家族有特殊关系、拥有特权的管理者经营的，他们不愿意把自己"仅仅"看作银行家。1470年，莱昂内托·迪·贝内代托·德·安东尼奥·德·罗西（Lionetto di Benedetto d'Antonio de' Rossi）被任命为曾经繁荣一时的日内瓦分行行长。莱昂内托最近娶了皮耶罗的私生女玛利亚，因此是洛伦佐·马格尼菲科（Lorenzo il Magnifico）的妹夫。这样一来，美第奇银行四个最重要的分行机构都掌握在无法被解雇的人手中。

托马索·波尔蒂纳里刚刚担任布鲁日分行的行长，就决定银行需要一座与他哥哥在米兰建成的那座宏伟宫殿相媲美的办公大楼。布拉德林酒店是布鲁日最好的建筑之一，价格为 7 000 莱茵弗罗林。他在给皮耶罗的信中抗议道："我的生活并不奢华和高调！"托马索对普通的银行交易感到不耐烦，他豪爽地进行超大额的交易，意图一锤定音。乔瓦尼·阿诺尔菲尼（Giovanni Arnolfini）获得了一项特许权，可以对从英国人控制的加莱通过马车或骡车运往低地国家的货物征收关税。收税点是沿海小镇格拉夫林。托马索作为公爵的顾问，以每年 16 000 法郎的价格代表美第奇银行买下了这项特许权。鲁莽的查理（Charles）刚刚禁止进口英国羊毛成品布。托马索认为，这肯定会导致原羊毛进口量大增，税率还会更高，这是稳赚不赔的生意。但事实正相反，英国人采取了报复行动。他们想自己加工羊毛，拒绝被勃艮第公爵这样摆布。贸易急剧下降。到了 1471 年夏天，格拉夫林关税的收入几乎为零。

勃艮第公爵为教皇庇护二世计划中的十字军东征建造了几艘大帆船，以对抗威胁不断升高的土耳其人。1464 年，庇护二世在亚得里亚海边苦苦等待他的军队到达时去世，这次十字军东征也被迫放弃。公爵现在手上有两艘昂贵的大帆船。托马索能替公爵卖掉它们吗？随着贸易的衰退，根本无人问津。为了卖公爵一个人情，富有进取心的托马索用美第奇银行的钱买下了这两艘大帆船。他们计划打着勃艮第公爵的旗号进行贸易（公爵受宠若惊），这样在比萨卸货时就可以逃避佛罗伦萨的税收。这又是一桩华而不实的亏本买卖。1469 年，到了与托马索续签五年工作合约的时候，皮耶罗已经病入膏肓，他在原本标准的分行行长合同中加入了一个特殊条款：

与勃艮第宫廷或其他领主或王公尽可能少打交道……因为危险大于收益，许多商人都是这样惨淡收场的……对于这种生意以及其他重大计划，你必须拒绝和回避，因为我们做生意的目的是保护我们已经拥有的物质财富、信用和荣誉，而不是冒着巨大的危险谋求更多的财富。

一个刚刚把自己的儿子推向挥霍无度的欧洲贵族精英行列，自己也为政治目的一掷千金的人，竟然说出了这些掷地有声的"商业智慧"之言，实在令人惊叹。他大概真的有某种精神分裂症。皮耶罗一只脚在旧世界，一只脚在新世界，他在时代的潮流中穿行。而年轻的洛伦佐则不同，在父亲去世后不久，他就骄傲地对布鲁日分行的主要合伙人阿格诺罗·塔尼承认："对这些事情一窍不通。"这些事情指的是银行业务。

托马索·波尔蒂纳里骑马从布鲁日赶到佛罗伦萨，就是为了签署那份新工作，顺便还结了个婚。回到布鲁日后，他觉得有义务向皮耶罗道歉，因为他隐瞒了回佛罗伦萨的第二个目的（指结婚）。他为什么要这么做？为什么不公开庆祝他的婚礼？原因很简单，随着权力的扩张，美第奇家族不仅为自己家族成员安排联姻，还为其他人安排婚姻，乔瓦尼·托尔纳布奥尼的包办婚姻就是一个例子。从爷爷科西莫开始替别人安排联姻，爸爸皮耶罗继续，洛伦佐在这方面更加出色。在美第奇家族与顶级贵族联姻的同时，所有其他贵族家族则必须下嫁与中产阶级联姻。这样一来，上流社会就围绕着美第奇家族展开，为美第奇家族服务，最重要的是，他们都在美第奇家族之下。托马索是在美第奇家族的羽翼下成长起来的，但他获得了自由，就像美第奇家族让洛伦佐与外地贵族奥尔西尼家族联姻一样。皮耶罗倒是没有因为这件事生气，因为托马索的道歉信到达时，他已经去世了。

托马索当年 40 岁。他的新娘玛利亚·迪·弗朗西斯科·迪·班迪尼·巴隆切利（Maria di Francesco di Bandini Baroncelli）15 岁。这位骄傲的丈夫立即请汉斯·梅姆林（Hans Memling）为他们绘制了肖像画，画中的玛利亚戴着佛兰芒地区富裕阶层的尖顶帽（带帷幔），还戴着一条奢华的项链，类似的项链被佛罗伦萨的夜警们见到肯定会加以没收。这种联姻是不是已经形成一种定式了？托尔纳布奥尼、萨塞蒂、波尔蒂纳里都是这样？托马索和玛利亚的第一个孩子出生后，全家人跪在乌戈·凡·德·戈斯（Ugo van der Goes）奇异而美丽的《牧羊人的崇拜》（*Adoration of the Shepherds*）两侧祈祷。这幅画作在佛罗伦萨作为一幅祭坛画展出时曾引起一阵骚动。1473 年，美第奇银行仍在运营那些可悲的、亏损严重的大帆船，它们在格拉夫林海峡沿岸遭到了海盗的袭击。圣乔治号逃脱了。圣马特奥号被俘，13 名船员被杀，船上的货物也被侵吞——这对银行来说又是一大损失，其中包括托马索的前老板阿格诺罗·塔尼委托梅姆林创作的《最后的审判》（*Last Judgment*）。这幅画最终没有抵达佛罗伦萨，而是被运到了但泽，并一直保存至今。

无论是否有"最后的审判"，美第奇银行的命运都已注定。1467年，塔尼被派往伦敦，看看他能否扭转向当地君主——这里指的是爱德华四世（Edward IV）——过度借贷的局面。在 15 世纪 60 年代中期的金融危机中，皮耶罗必须保证羊毛原料源源不断地运往佛罗伦萨——这不仅是为了他自己的作坊，也是为了维持城市总体就业率，防止失业劳工骚乱引发对美第奇政权的反对。但是，为了获得政治上的便利所付出的代价对银行来说也是个坏消息，为了从英国获得羊毛的出口许可证，伦敦分行不得不无休止地讨好国王。"我很清楚，我在这里要做的事，"塔尼看过账目后给皮耶罗回信说，"就是让银行起死回生。"难道他心里已经下定主意向梅姆林委托《最后的审判》？ "如果你和托马索按我说的去做，那么在上帝的恩典下，奇迹将会降临。"

不幸的是，根本没有人按他说的去做。罗马的乔瓦尼·托尔纳布奥尼拒绝接受英国成品布来偿还伦敦分行的部分债务。但后来，他又突然担心自己再也追不回伦敦分行的欠款，于是又改变主意，匆忙赶到佛罗伦萨，并扣押了塔尼从伦敦寄来的大量布匹，以冲抵其欠布鲁日分行的款项，布鲁日分行随后将这些布匹运往意大利（用那些著名的勃艮第帆船），以部分偿还他们欠佛罗伦萨分行的债务。托尔纳布奥尼扣押布匹的行为是非法的，而且会给未来的会计工作带来无尽的麻烦；弗朗切斯科·萨塞蒂作为美第奇银行的总经理，本应阻止这种行为，或至少予以谴责。但托尔纳布奥尼是洛伦佐·马格尼菲科的叔叔，他是美第奇家族的一员，而阿格诺罗·塔尼只是一个尽职尽责但没有血缘关系的"职业经理人"。伦敦分行现在欠罗马分行 4 万多弗罗林，而教皇保罗二世（Paul II）又借了很多钱，因此托尔纳布奥尼越来越急迫地催收其他分行收取的教皇贡金的款项，因为他是罗马分行的持股合伙人，他将承担任何经营上的损失。

　　然而，在伦敦，塔尼清楚地认识到，他拯救伦敦分行的唯一机会在于接受英国人以成品羊毛布冲抵欠款，并让美第奇银行的其他分行将这些羊毛布销往欧洲各地。他在佛罗伦萨恳求萨塞蒂："请为你们收到的布匹预支 3 000 弗罗林。"但萨塞蒂在布匹售出之前拒绝支付任何款项。"我们需要的是帮助，而不是建议"。塔尼在信中近乎咆哮地写道。这次他直接写信给了洛伦佐·美第奇，"这个王国（英国）四分之一的人都是律师，所以我根本不缺乏建议……我来之前，每个人都叫我创造奇迹，但现在你们都默不作声，不管不问。"

　　1468 年，当爱德华国王的妹妹玛格丽特（Margaret）成为勃艮第公爵的第三任妻子时，塔尼趁着奢华的庆祝活动，向国王出售了价值 6 000 弗罗林的佛罗伦萨丝绸，这可真是个大手笔。但为了促成这笔买卖，他必须再借一笔钱给国王。要想在催收债款时拥有说服力，似乎必须让自己看起来能向借款人提供更多的贷款。最后，只有美第奇银行米兰分行愿意在收到英国成品布匹后向伦敦预支资金，最终让塔尼完成了他的使命，让伦敦分行即使不能完全恢复健康运行，至少也能恢复到某种僵尸状态维持下去。1469 年春，这位年迈的银行经理骑马返回意大利，毫无疑问，他决心告诉美第奇家族，如果银行的各个分行之间不能得到更好的指挥和协调，那么用不了多久，整个美第奇银行网络就会崩溃。

　　塔尼刚刚离开英格兰，于 1461 年登基的爱德华四世再次发动了玫瑰战争。1470 年 10 月，爱德华国王失去了权力，美第奇家族借给他的所有借款也随之付诸东流。美第奇银行再次陷入绝境。幸而，逃到荷兰的爱德华国王重整旗鼓，于 1471 年 5 月返回英格兰，夺回了王位。但美第奇银行远没有到庆祝的时候，爱德华国王不得不以大量借贷来支付他军事行动的开销，使他更加无力偿还银行贷款，更糟糕的是，在爱德华取得胜利的巴尼特和特克斯伯里战场上，还躺着一长串欠着美第奇银行巨额债务的贵族的尸体。

弗朗切斯科·萨塞蒂除了喜欢贵族生活外，作为银行的领导者，他还患有无法解雇任何人的毛病。这两种性格特征的结合点或许就是喜欢轻松、舒适和友好的关系。无论如何，当高效率的塔尼在伦敦几乎扭转了伦敦分行的命运后离开伦敦时，萨塞蒂并没有趁机撤换当地的经理杰拉尔多·卡尼吉亚尼（Gherardo Canigiani）。人们本以为，前几年的危机已经彻底证明，把银行的资金借给一个不仅几乎没有偿付能力，而且随时可能被内战压垮的君主是多么愚蠢。因此，如果在爱德华回国后，卡尼吉亚尼还"不撞南墙不回头"似的向国王提供更多的贷款，那么他大概跟波尔蒂纳里借钱给大胆查理的情况类似，出于个人利益的考虑而不顾其雇主和银行的利益。卡尼吉亚尼很快从爱德华四世那里获得了入籍信，娶了一位富婆，并在国王的帮助下成了一位非常体面的英国乡绅，在白金汉郡拥有了土地和自己的纹章。阿格诺罗·塔尼、莱昂纳多·弗尔纳奇和弗朗切斯科·诺里（那个试图检查阿克里托·波尔蒂纳里在米兰的账户的人）等人都是严肃认真的佛罗伦萨老派银行家，对利润盈亏始终保持着焦虑式的关注，但其他人似乎只是为了接近国王和王后而将银行借贷业务当成工具和筹码。对于卡尼吉亚尼和托马索·波尔蒂纳里这样的人来说，恢复和发展美第奇银行在商业世界的业务并不重要，他们关心的是自己能在另一个世界得以重生：皇室、艺术和奢侈服装的世界。作为布鲁日的大股东，塔尼听说托马索·波尔蒂纳里背着他，以董事的身份同意布鲁日分行在英国业务清盘时承担伦敦分行的所有债务时，大发雷霆。托马索·波尔蒂纳里究竟为什么要做这样的蠢事？答案只有一个：接近伦敦银行的主要债务人——国王爱德华四世，爱德华四世当时正与他轻率的勃艮第妹夫结成军事同盟，计划入侵法国，他们最终将于1475年发动入侵战争。

在美第奇家族的历史上，有一个特殊时刻，一份书面声明被几乎所有的历史书引用。皮耶罗死后的第二天晚上，1469年12月2日，大约700名市民在圣安东尼奥修道院集会，一致认为"美第奇家族的声望和伟大必须传承下去"。费拉拉大使向他的领主解释道，"他们的意思是，这个政权的秘密将会像以前一样通过洛伦佐的手传递下去，就像以前经过他父亲的手一样。"第二天，一群身份显赫的市民前往美第奇宫，向即将年满21岁的洛伦佐传达了这一消息。这就是洛伦佐简短的回忆录中的名言：

"虽然我——洛伦佐——还很年轻，只有20岁，但城市和政权的主要人物都来到我们家，哀悼我们痛失亲人，并鼓励我像我祖父和父亲那样掌管城市和政权。这与我的年龄不符，而且要承担巨大的责任和危险，我勉强接受了，只是为了保护我们的朋友和财产，因为在佛罗伦萨，如果富人不掌控政权，事情就会变得很糟糕。"

从这里开始，不同的史书开始选边站队，描述大相径庭。事实证明，15世纪佛罗伦萨的派系纷争是一种生命力极其顽强的疾病。即使过去了五百多年，也几乎没有一位学者能逃脱被这种疾病感染。反对美第奇的学者指出，就在皮耶罗去世前两天，洛伦佐还写信给米兰公爵加莱亚佐·斯福尔扎，请求军事援助以保证他的继承权。这不像是勉强接受众人推举的样子。而美第奇的支持者则指出，作为一名出色的诗人，洛伦佐确实有其他的兴趣爱好。洛伦佐的各种诗作都雄辩地表达了放弃权力和责任的愿望，因为权力和责任被视为牢笼而非特权。

在激烈的争论中，这段话中最引人入胜的地方却没有得到真正的关注：洛伦佐引文中的话听起来像是在事件发生几十年后，以成熟的中年人的口吻说的；但洛伦佐写这段话时只有20岁。也就是说，洛伦佐在执政之初，就已经在想象日后人们会如何看待他；他在塑造自己的形象，为历史学家准备素材。1469年，虽然当时洛伦佐只有20岁，驻米兰的大使赞许地说道："他的行为像个老人。"不过，作为皮耶罗的儿子，洛伦佐在十多岁时就被派去执行他的第一次外交任务。权力，再加上以古代伟大政治领袖为中心的人文主义教育，造就了连科西莫都无法预见的东西：非凡的自我意识。洛伦佐意识到了自己的独特的处境，备受众多榜样的启发，他正在扮演一个角色。他不是真正的王子，却必须表现得像个真正的王子。他必须给身边的成年人留下深刻的印象。

洛伦佐曾经说过这么一句话："没有柏拉图主义，人既不能成为一个好公民，也不能成为一个好基督徒。"他究竟是什么意思？尽管他的祖父从未发表过这样的言论，但为什么老科西莫在生命的最后几年也对柏拉图如此感兴趣呢？

希腊哲学的恢复和复兴稍晚于罗马哲学。一个简单的原因是语言隔阂。直到15世纪中叶，希腊语才开始被广泛传授。但即使当柏拉图的作品已经被伟大的人文主义者（同时也是科西莫的朋友）莱昂纳多·布鲁尼用拉丁文翻译过，古希腊哲学也并未受到重视。布鲁尼认为，这些关于哲学上的完美国王的自以为是的幻想完全不切实际。柏拉图关于现实层级阶梯的想法，从物质世界底层到精神世界顶层，已经被早期基督教神学家以各种形式广泛吸纳和推敲，尽管这理论实在是无稽之谈。早期人文主义者从中世纪的经院哲学和基督教神秘主义中走出，呼吸新鲜空气，他们寻找的是清醒的世俗智慧，是历史学家和政治评论家的那种清晰锐利，比如西塞罗和李维（Livy）。

在科西莫的保护下，马西利奥·菲奇诺（Marsilio Ficino）在15世纪60年代将柏拉图的全部作品翻译成了拉丁文。这是柏拉图作品首次以西方基督教世界可以阅读的文本出现。后来成为牧师的菲奇诺在基督教义和柏拉图主义的基础上加入了他个人的重要观点：人的灵魂是"自然的中心"，是柏拉图现实层次之间的连接纽带。通过爱和智慧，人类灵魂自然而然地向上努力，远离卑贱和尘世，越过现实的等级制度，走向完美永恒的纯净之光，即上帝。

佛罗伦萨的精英们每年11月7日都会在卡雷吉的美第奇别墅庆祝柏拉图的生日，讨论柏拉图的思想。除了赋予宫廷爱情诗以新的意义（心灵从亵渎之爱转向神圣之爱）之外，所有的教育、修养和智力成就当时都可以被理解为本质上是道德的，是向神性奋斗的过程。也就是说，某些世俗的活动，也可以被描述为心向神圣的活动，或者至少是逐步转向神圣的活动。在基督教框架之外，没有什么是好的，当然这个观点也包含一个危险的含义：我们本能地知道什么是好、什么是坏。在这一点上，艺术和诗歌不再需要不断地转向严格意义上的基督教题材，因为美本身就接近神性，人类的灵魂自然会向它靠拢。在这一新的、乐观的柏拉图主义版本中，人并没有被剥夺属于上帝的创造力，尽管具有这种创造力的人寥寥无几。但一旦实现，它本质上是好的。即使在今天，仍有许多人认为艺术必然是正确的，而不会去问是哪家银行赞助了艺术的诞生。在美第奇银行的资助下，波提切利（Botticelli）可以用同一个漂亮的模特来画圣母，也可以画维纳斯（Venus）。模特可以不脱衣服，也可以脱掉衣服。无论哪种方式，心灵都会得到升华。在这一点上，几乎所有科西莫对艺术的赞助中暗含的忏悔姿态都可以被安全而愉快地遗忘，因为艺术永远是神圣的。

但是，再深入一点，看看那些没有明确表述，甚至可能是有意识含混的表述，却渗透在字里行间中的思想：提升自己的过程，成为这种高雅、有教养、有艺术修养的贵族的过程，现在不再是破坏中世纪森严社会等级的邪恶行为（正如1433年对科西莫的叛国罪指控所暗示的那样）。恰恰相反，努力提升社会地位，是你向往神性的标志。这种想法很有吸引力，也很舒心。它激励洛伦佐赞助并亲自参与了一系列奢华的公共艺术项目，这些项目主要是世俗的，既美观又方便政治，因为它们提升了他和这座城市的形象。一个赞助艺术并作为诗人实际创作出精美艺术作品的领导人不可能是一个坏领导人。一个雇用波提切利这样的艺术家来制作节日横幅和狂欢花车的领导人不会被后人说坏话。而好公民、好基督徒必须是柏拉图主义者，因为只有柏拉图主义者才欣赏并参与这种追求美好和更好的努力，这种对公共生活的高雅美化。如果他不是柏拉图主义者，那么我们的嬉皮笑脸的显赫公民可能只是精打细算弗罗林金币和皮乔利银币的庸人，只会对政治私利发表干巴巴的无趣评论。

这就引出了这些令人兴奋的想法的主要缺点：他们对赚钱和事物的价格几乎不置一词。这里的根本矛盾与科西莫的两难选择截然不同。科西莫的难题是：我如何在用所谓罪恶的银行行为积累财富的同时，让我的灵魂升入天堂。现在的问题是，尽管财富实际上比以往任何时候都更加重要，没有钱你怎么能得到最好的艺术家、最好的老师、一本像样的柏拉图译本，更不用说为一位已故哲学家的诞生日举办一场奢华的派对需要的各种花费了，但实际的赚钱过程却被当作一种卑贱的东西，一种柏拉图等级体系中最底层的东西，是高贵的灵魂会毫不犹豫地舍弃的东西，因为它渴望从纯粹的物质中解脱出来。

因此，在这种心态下，会计的复杂性、避免高利贷罪的复杂技术性，都不再是一件值得乐此不疲深入研究的事情。科西莫曾经对赚钱这事如此乐此不疲，他曾说过，即使挥动魔杖就能赚钱，他也要成为一名银行家。现在则是另一番景象，现在有教养的人想要挥动手边的任何一根魔杖，尽快解决获得丰厚收入的问题，然后把这低贱的赚钱活计丢之脑后，去艺术和奢侈品中靠近神性。在这种想法下，以尽可能高的利率借钱给米兰公爵；获得在格拉夫林海关征收进口税的特许权；或者，最引人注目的是美第奇银行试图通过明矾事件永久性地获得一座金矿。

明矾事件是怎么回事？"这让我想到了圣灵，"洛伦佐的导师詹特利·贝奇（Gentlle Becchi）写道，"我完全不理解。"具有讽刺意味的是，基督教柏拉图主义的现实层次中的两个极端——基础物质和神圣本质——对于处于两者之间，哪怕受过良好教育的头脑来说，似乎同样难以理解。无论如何，洛伦佐急于解决钱的问题，因为有了明矾这种基础材料（一种铝硫酸盐，用于染色等），驱使洛伦佐陷入他人生中最重大、最决定性的事件之中，他在其中所扮演的角色将需要最卓越的表演才能。

6

华丽的衰落

Medici Money

Banking Metaphysics, and Art
in Fifteenth-Century Florence

连续三个女孩之后，他作为第一个男丁被生下，他的降生本身就是一次胜利。他生下来就坐拥无与伦比的权势和资源，所有人都希望从他那里沾点利益，就连他的奶妈都会收到请求好处的请愿信。

他长得奇丑无比，从小就被灌输了要操纵他人的思想。5 岁时，他被装扮成一个法国小男孩，去迎接让·安茹（Jean d'Anjou）王子。然而，他的鼻子被压得扁扁的。10 岁时，他为来访的教皇庇护二世和加莱亚佐·马里亚·斯福尔扎朗诵诗歌。他突出的下巴将下唇顶到了上唇之上，成了可笑的地包天。他学会了拉中提琴和鲁特琴，他学会了骑马和猎鹰。失去嗅觉的他还开始写诗，诗中充满了鲜花和蜜蜂，那是关于爱情的诗歌。16 岁时，他那凹凸不平的前额和浓密的眉毛"赢得"了漂亮的卢克蕾齐娅·多纳蒂（Lucrezia Donati）的芳心。他的嗓音嘶哑，声音难听，但在他笔下的诗歌中，他的声音却回响着早熟的和谐。"纯真的年龄不会放弃追随爱情。"他了解自己的楷模：彼特拉克、但丁、奥维德（Ovid）。年轻的卢克蕾齐娅被许配给别人之后，他以迷人的自信阐述了他的痛苦："最初的爱是如此残酷的伤口。"

尽管年纪轻轻，但已经有人写信给他，乞求他的帮助：石匠、农民、画家、诗人。洛伦佐会为他们向父亲求情，这位美第奇家族的继承人会郑重地写信给父亲："我相信您会在这件事上给予我荣誉。"尽管他痛风的父亲就离他只有几个房间之遥。他人的焦虑磨炼锻造了他的处事风格。在当时最优秀的思想家的影响下，这位年轻人探讨了哲学的慰藉和善政的本质。但他的导师总是在给他父母的信中抱怨道，"他在外面待到很晚，和女孩们调情，搞恶作剧"。

他十多岁时就开始正式访问其他宫廷。虽然面容丑陋，嗓音嘶哑，但他却以非凡的智慧和精力令人目眩神迷。在米兰，他在银行富丽堂皇的办公楼里举办宴会，并结识了公爵的女儿伊波利塔·斯福尔扎（Ippolita Sforza），后者即将嫁给那不勒斯国王的儿子。两位少年就文学问题飞鸿不断，后来伊波利塔要求借 2 000 达科特金币。"我以我的名誉保证，我会还钱的"。

1466 年，17 岁的洛伦佐被派往罗马签署一份关于明矾（羊毛贸易中不可或缺的矿物质）销售的枯燥合同。这是他第一次参与银行业务。幸运的是，弗朗切斯科·斯福尔扎的离世将这次旅行变成了一次戏剧性的外交任务。他必须说服教皇，让公爵的儿子可以顺利继承米兰领主之位。虽然斯福尔扎是个篡位者，但他却是美第奇家族的主要盟友。然后洛伦佐必须赶往那不勒斯，确认费兰特（Ferrante）国王是否有其他的计划。

他回到佛罗伦萨时，正赶上父亲与佛罗伦萨共和派的摊牌。洛伦佐与来自米兰的军队一起，全副武装，戏剧性地骑着马出现在罗

维罗基奥（Verrocchio）制作的洛伦佐·德·美第奇半身雕像。洛伦佐不是阿多尼斯，没有倜傥美貌的他不得不掌握其他诱惑人心的方法。无论如何，他仍然是 15 世纪最优秀的诗人之一。

马广场的议会上，他们的对手是反美第奇的阴谋家，皮蒂、阿奇奥利、迪耶蒂萨尔维和索德里尼。这既是一种收买人心的方式，当然也是一种威逼胁迫。佛罗伦萨必须爱我，这个姿态近乎艺术。这位年轻人下了马，与身着红色长袍的主教们并肩地站在一起，宣读着关于建立一个拥有无限权力的巴利阿的法案，佛罗伦萨的人民在武装人员的簇拥"保卫"下，投票放弃了他们的共和权利。把诱惑和胁迫结合起来是每个艺术家的天性。公众必须屈从于我的观点，屈从于我的剑尖。诗人洛伦佐和政治家洛伦佐之间并没有什么分裂。虽然远没有达到担任公职资格的年龄，但洛伦佐还是在巴利阿获得了一席之地，而巴利阿的无限权力，将使这座城市再次牢牢掌握在美第奇的手中。

当洛伦佐全副武装地在广场上面对佛罗伦萨人民时，显然他在那个危急时刻脑子里不会想到明矾。但明矾真的无处不在。英国的生羊毛用明矾洗去油脂，广场上的每个人都穿着羊毛衫。明矾固定了牧师深红色长袍上的染料，明矾固化了骑士马鞍上的皮革。三年后的 1469 年，洛伦佐与克拉丽斯·奥尔西尼（Clarice Orsini）举行了诡异的代理婚礼：在她缺席的情况下，洛伦佐在圣克罗齐广场举行了一场奢华的婚礼，庆祝从商人到贵族的这一重大转变，而明矾再次以另一种方式出现。据说这次活动花费了 10 000 甚至更多的弗罗林，而这笔庞大的账单，主要就是由这种颗粒状的白色硫酸盐支付的。

在这场昂贵的庆典上，珍珠和天鹅绒比比皆是。年轻的洛伦佐随身携带的旗帜不是他的新婚妻子送给他的，而是来自他的旧女友卢克蕾齐娅·多纳蒂，旗帜上绘有一个女人为她的诗人戴上的桂冠。由于卢克蕾齐娅是这次比武大会的主人，所以当资助比武大会的家族的男孩们"不出意外"地获胜时，是她，而不是洛伦佐新婚但缺席的妻子，将银盔戴在了胜者的头上。1466 年，洛伦佐在罗马签署了一份合同，这份合同让美第奇家族完全垄断了整个基督教世界的明矾销售。在洛伦佐的著作中，没有迹象表明他意识到了这一点的重要性，对他而言，也许更重要的是虽然卢克蕾齐娅现在已经结婚了，但她的丈夫却在国外出差。很快流言四起，人们都在说闲话。与此同时，已婚而仍是处女的克拉丽斯从罗马写信说，只是想到洛伦佐参与锦标赛就让她头痛欲裂。她出身于一个真正的军人家庭，对佛罗伦萨及其中的风流韵事和情场波澜毫无经验，因此把锦标赛误认为是真正的危险来源也是情有可原的。正如吉恰尔迪尼所描述的那样，洛伦佐"性欲旺盛，性情暴躁"，马基雅维利也补充道："他对维纳斯的事情非常感兴趣（维纳斯代指情欲）。"他仍在继续写诗，献给他的卢克蕾齐娅。

根据教会法，垄断和放贷一样都是非法的。因为这是不自然的。上帝将自然世界赐予全人类，而不是少数人。垄断剥夺了人们的自由，人为地抬高了价格，显然是一种偷窃行为，只会导致灾亡。与放贷一样，教会坚持认为，只有全额归还不义之财才能弥补过失，让你升入天堂，尽管很难想象，在实行垄断若干年后，你如何能计算出不义之财的确切数额，或判定这不义之财来自谁。

教会的垄断概念并不局限于单一组织控制特定产品销售的情况，而是覆盖更广。例如，成立工人工会也是一种垄断，而且被认为是最有害的垄断：它限制了劳动自由和雇主以任何条件雇佣任何工人的权利，工会是不自然的。在佛罗伦萨这个生产纺织布匹的城市，任何羊毛工人组织工会的行动都会立即遭到谴责和镇压。

　　尽管如此，教皇保罗二世还是在 1466 年宣布，教会与美第奇银行结盟，垄断整个欧洲的明矾销售。明矾是当时继盐和铁之后最重要的矿物质。没有明矾，布匹贸易就难以进行。但教会怎么能为这种公然违反自己制定的法律的行为辩解呢？教皇的说辞是，从这一雄心勃勃的商业计划中获得的利润将用于对土耳其人的新一轮十字军东征。这使得垄断不仅合法，而且具有某种道德的高尚。这是一个典型的借高尚的目标而为罪恶手段开脱的案例。对于一个宗教组织来说，这是一个危险的先例。

　　当时的情况是。欧洲明矾市场总值超过 30 万弗罗林 / 年，几乎是英国国王欠美第奇银行借款的十倍。在基督教控制的地区，只有位于那不勒斯湾西北入口处的伊斯基亚岛上能开采出极少量的明矾。但这种明矾矿的质量很差，以至于在一些北欧市场上被禁止使用，因为它可能对羊毛有害。因此，大多数明矾来自爱琴海东岸伊兹密尔湾的矿区，但该地区现在由土耳其人控制，因此明矾也被伊斯兰教控制。这些矿山大部分是由热那亚人开发的，因此热那亚人控制了大部分明矾贸易，他们向土耳其人缴纳所得税和关税，这笔财富帮助土耳其通过东欧不断向基督教扩张。

　　1460 年，意大利商人乔瓦尼·达·卡斯特罗（Giovanni da Castro）在罗马东北部托尔法山区发现了大量优质明矾矿藏，他的父亲曾是教皇皮乌斯（Pope Pius，庇护二世）的密友，而他最近刚从东地中海的债主那里逃出来，在罗马教皇的保护下生活。皮乌斯很快明白这一发现的重要性，立即宣布这片贫瘠的土地为教会财产。卡斯特罗负责开采和提炼明矾，教会负责销售，从而不但为自己创造了巨额收入，也从教会之敌土耳其人那里夺走了巨额财富。

然而，要大规模销售这种矿石，必须同时具备大笔资金和商业专业知识。因此，1466 年，庇护二世的继任者保罗二世决定与美第奇银行签订合同，允许他们利用其遍布欧洲的贸易网络销售意大利矿山生产的所有矿产。与此同时，教皇保罗二世宣布，任何购买土耳其明矾的商人，一旦被发现都将受到开除教籍的惩罚，因为从土耳其人那里购买原本可以从教皇那里买到的东西，等同于帮助异教徒攻击基督教。这个决定对威尼斯人来说是个晴天霹雳，因为他们最近刚从热那亚人手中接管了伊兹密尔湾明矾矿的开采权。

1470 年，教皇与伊斯基亚的矿主和向他们征税的那不勒斯国王联合建立了明矾生产卡特尔（垄断联盟），从而巩固了教皇对明矾销售的垄断地位。根据这项协议，教会将控制整个欧洲市场的明矾开采和精炼量，以尽可能地让明矾保持高价，这就像是 15 世纪的石油输出国组织（OPEC）。然而，在成立卡特尔仅一年后，美第奇银行和保罗二世教皇就退出了，因为伊斯基亚矿山生产的产品显然永远不会成为一个具有竞争力的对手，原因很简单，羊毛制造商更喜欢教皇控制下的托尔法生产的质量更好的明矾。

乍一看，这样的事态发展似乎让美第奇银行在众多银行中独树一帜。他们现在拥有当时最重要的工业产品之一的独家销售权。这些垄断权利还得到了"任何违反者将会逐出教会"的保障。在罗马，乔瓦尼·托尔纳布奥尼坚信，银行的所有问题都迎刃而解了。这是所有人都在寻找的梦幻交易，这笔交易将消除银行业务的烦琐和风险，让像他自己和托马索·波尔蒂纳里这样的头面人物可以把更多的时间花在建立图书馆、委托他人作画、参加宫廷奢华活动上，总之，可以活得更潇洒，活得更像他们的东家——美第奇家族那种豪华范。

然而，好事多磨，事与愿违。在英格兰、勃艮第和威尼斯这些明矾的主要市场，封建领主和商人们并没有像以前那样被逐出教会的威胁所吓退。他们很难认可教皇敕令，自己一辈子凭良心做的事情怎么会突然变成了弥天大罪。他们聘请了当地的神学家来论证和驳斥教皇垄断的理由。这些智者认为，罪恶（如垄断）永远是罪恶，即使从中获得的利润是用来做好事，比如被用来支付匈牙利国王与土耳其人作战的费用。在布鲁日，托马索·波尔蒂纳里向鲁莽的勃艮第公爵查尔斯提出建议，恳求他在整个公国实行明矾专卖，禁止从美第奇银行以外的任何渠道购买明矾。公爵最初同意了这一提议，作为交换，他会从明矾销售利润中分得一杯羹。但是，无论他多么鲁莽，查尔斯还是察觉到了明矾专卖引发叛乱的迹象。当地的商人，无论是进口商还是最终用户，都异常愤怒。他们不断抱怨：羊毛贸易岌岌可危。最后，公爵还是让步了。土耳其明矾继续畅通无阻地运抵布鲁日港。

在规划托尔法和伊斯基亚矿场的生产时，垄断者们曾设想他们将完全独占整个欧洲市场。他们的目标是在短短几年内满足整个欧洲的需求。因此，当逐出教会的威胁未能阻止威尼斯人和热那亚人从事土耳其明矾的交易时，来自这两个矿场的产量突然过剩，很难维持原有的价格，更不用说按照垄断者的计划提高价格了。伦敦和布鲁日的大宗明矾买家组成了协会和游说团体，集零为整以提高他们的谈判能力。销售收入中归属教皇的提成不得不减半，这意味着资助匈牙利国王同土耳其作战的资金很快就会减少。

更糟糕的是——至少对美第奇银行来说——明矾的商业化是对本已岌岌可危的贸易平衡和美第奇银行各分行之间资金流动的又一次打击。这又是一种从意大利北上输出的产品。现金又一次要从伦敦和布鲁日汇集到南方。看在上帝的分上，为什么不能在科茨沃尔德（英国中部）发现明矾来替代英国人现在不愿出售到海外的羊毛呢？那样现金流的管理就方便多了。更不明智的是，作为对垄断权的回报，美第奇银行同意在产品运出并销售掉之前就向教皇支付开采明矾所得的分成。

鉴于美第奇银行布鲁日分行和罗马分行之间的紧张关系，特别是自 1455 年乔瓦尼·本奇去世以来，明矾垄断所引发的现金流错配问题是可以预见的。布鲁日和伦敦向罗马汇款的速度一如既往地非常缓慢。罗马的托尔纳布奥尼一如既往地对缓慢的回款不耐烦，他怀疑布鲁日和伦敦将销售明矾的收入浪费在向公爵和公爵夫人贷款上。罗马分行的一名员工被派往北方了解情况。随后，教皇派出了自己的谈判特使去解决公爵的问题。但托马索·波尔蒂纳里最讨厌的就是罗马的干涉。"教皇的间谍！"他在给洛伦佐·美第奇的信中抱怨道，"如果连我都不能说服公爵，教皇随便派出来的主教又能办成什么事？"

随着岁月的流逝，事情每况愈下。一艘佛罗伦萨的大帆船沉没了，货物全部丢失。随后，另外两艘大帆船同时从热那亚和威尼斯驶出，带来了土耳其明矾。此时，布鲁日港一下子储存了足够三年所用的明矾。不用说，明矾价格崩溃了。原本应当"一本万利"的明矾交易越来越像一个虚无缥缈的东西：只要银行真的能实行垄断，一切就都好办了（但垄断根本无从实施）。与此同时，运输成本和仓储费用不断上升，收入却少得可怜。1475 年 3 月 18 日，托尔纳布奥尼告诉洛伦佐，支付完生产商费用、教皇会费和分成以及大帆船运费之后，美第奇银行在明矾贸易中实际上是亏本的。屋漏偏逢连夜雨，此时沃尔特拉事件爆发了。

在年轻的洛伦佐的新柏拉图观点中，除了家族的财富来源之外，另一个需要解决的问题就是政府对权力的控制。不管美第奇家族设立了什么机构来保证他们的权力，随着时间的推移，即使是最精心挑选的盟友也开始投票支持共和派。人们固执地偏向自由。洛伦佐从父亲手中接班时，正义旗手是由九个召集人选出的，而九个召集人每年又由百人委员会选出，百人委员会是美第奇家族在 1458 年大议会之后建立的永久性议会机构，但百人委员会不再乖乖地听命行事。洛伦佐发现，他必须亲自参加会议，否则议会成员们就不会按指令乖乖地投赞成票。这让他很恼火。"我本打算按照我祖父的方式行事，"他在父亲去世后不久对米兰大使说，"那就是以尽可能文明的方式，在宪法允许的范围内做这些事情。"

但是，如果一个人想要稳如磐石地持续掌权，他又能有多文明、多合乎宪法呢？洛伦佐几乎随即就超越了他的祖父的程度。到了 1471 年年末，正义旗手虽仍由九位召集人选出，但现在召集人是每年七月由九位即将卸任的上届召集人和当时在任的正义旗手共同选出的。因此，权力完全是在一个小圈子里循环的。为了安抚百人委员会失去了选举召集人的权力，进而失去了对政府的影响力，现在允许他们直接审批正义旗手的决定，而不需要传统的城市公社委员会和市民委员会的批准，这些委员会或多或少已经没有存在的理由了。

至此，美第奇家族几乎完全控制了佛罗伦萨的国家政务。然而，宪政的架子依然存在：议会确实举行了会议并进行了投票；正义旗手的遴选过程仍被记录在案，涂抹掩饰得就好像是一次公平的抽签选举。当美第奇银行的收入和政治权威都因在沃尔特拉发现明矾而受到威胁时，这种符合宪法的政治伪装很快就难以维持了。

沃尔特拉是距离佛罗伦萨西南约 32 千米处的一个小镇。15 世纪时，它是一个附庸小镇，每年向佛罗伦萨纳贡，但有自己独立的政府。自然，每个人都对本地发现特大明矾矿感到兴奋，但当采矿特许权被授予一个由佛罗伦萨支持的私人财团时，他们又感到失望。当然，对于美第奇银行来说，将这一新的明矾生产地纳入其垄断范围至关重要。沃尔特拉政府中反对外来财团的派别占主导，他们没收了外来财团的矿山专营权。但美第奇家族控制的佛罗伦萨政府以宗主的身份出面干涉，扭转了这一决定。

1471 年 6 月，洛伦佐在父亲去世后的 18 个月里一直忙忙碌碌。一场由 1466 年制造政变的那些反美第奇阴谋家们再次煽动的叛乱在普拉托被镇压了。许多人被处决。1470 年，洛伦佐的第一个孩子卢克蕾齐娅出生，1471 年 2 月，他的长子和继承人皮耶罗降临人世。克拉丽斯安分守己地扮演着自己传宗接代的角色。3 月，洛伦佐接待了米兰公爵加莱亚佐·斯福尔扎，他带来了令人尴尬的庞大随从队伍，并在大斋期放纵地大肆吃肉。上帝似乎被触怒了，一场大火烧毁了圣灵教堂，受到惊吓的佛罗伦萨人则发布了一些限制奢侈服装和食品的新法律进行忏悔。

在妻子怀孕期间，洛伦佐一直在给卢克蕾齐娅·多纳蒂写十四行情诗，同时致力于创作一部讽刺性的戏剧《酒神会》（*Symposium*）。该作品超过八百行，描述的是当地哲学家和牧师狂饮一晚，的确非常滑稽。与美第奇银行在威尼斯和那不勒斯重新开设分行这些正事相比，洛伦佐把更多的时间花在了这一部讽刺作品上。

随后，就在沃尔特拉危机愈演愈烈之时，教皇保罗二世于 1471 年 7 月去世，洛伦佐不得不赶往罗马参加教皇西斯笃四世（Pope Sixtus IV）的加冕典礼。可以想象，对于一个 22 岁的年轻人来说，同时专注于政治、银行、养育新生儿和诗歌创作是多么困难。洛伦佐在他简短的回忆录中这样描述他的罗马之行："我感到非常荣幸，带回了教皇西斯笃四世赠送给我的奥古斯都和阿格里帕两尊古董大理石半身雕像，还有一个玉髓镶嵌的杯子，以及我购买的许多其他浮雕和勋章。"虽然洛伦佐是在 1473 年写下的这段回忆录，但他丝毫没有提到他执政至今最重要的事件：洗劫沃尔特拉。毕竟这并不是一件值得骄傲的事情。

当时矿业财团和镇里的当权派之间的争执陷入僵局，沃尔特拉人请求洛伦佐进行仲裁。不出所料，洛伦佐裁定外来财团（管理层中包括两名亲美第奇家族的沃尔特拉人）保留明矾开矿特许权。反对派不满此项裁决，发动武装叛乱，杀死了这两位洛伦佐的支持者，并宣布沃尔特拉独立，不再是佛罗伦萨的附庸。此时，年迈的顾问托马索·索德里尼告诉洛伦佐，真的没有必要出动军队，这次的危机可以通过耐心和谈判来解决。

索德里尼在其兄长 1466 年政变期间一直忠于美第奇家族，当时他已年近七旬。他娶了卢克蕾齐娅·托尔纳布奥尼的妹妹，也就是洛伦佐的姑姑，作为美第奇政权中最年长的人，他无疑希望能对自己年轻的侄子施加一定的影响。但这正是骄傲的洛伦佐所不能接受的。洛伦佐不像他声称的那样，处处学习他的祖父科西莫的做派，他决心不但要掌握大权，而且要让别人看到他才是那个掌权的人。他，一个美第奇家族的族长，一个迎娶奥尔西尼家族千金的贵族，一个在自己的宫殿里接待过米兰公爵的高贵的人，他的朋友却被叛军所杀，这是难以忍受的侮辱。洛伦佐迅速雇佣并派出了一支军队。经过一个月的围攻，沃尔特拉人投降了，开城的条件是他们的生命和财产不受损失。然而当雇佣军进入小镇后，却开始了洗劫、奸淫和杀戮。洗劫被占领的城镇是雇佣军的权利，这是众所周知的。结果就是，从现在起，沃尔特拉人成了洛伦佐不共戴天的敌人。洛伦佐对自己的决定所造成的流血惨案感到震惊，他试图以个人名义向沃尔特拉人赠送 2 000 弗罗林作为补偿。这笔钱还不到三年前他著名的结婚庆典花费的五分之一。在小镇遭受的破坏和损失还没来得及修复之前，最近发现的明矾矿就被关闭了。事实证明这个明矾矿床储量稀少，质量低劣。整个流血事件变得完全没有必要。

"洛伦佐最大的失败，"历史学家吉恰尔迪尼在 1509 年写道，"就是猜疑。"洛伦佐首先是一个新物种——靠教育、婚姻和金钱而非世袭权力成为贵族——他害怕别人不承认他的高贵地位，当别人承认他的地位时，他又害怕别人会试图拉他下水。于是出现了一种怪异的行为模式：他会想象自己受到威胁或冒犯（实际上是同一件事），然后采取过激反应，结果引发了他所害怕的冲突。沃尔特拉大屠杀就是这样被挑起的，但更糟糕的事情还在后头。

教皇西斯笃四世曾在自己的加冕礼上慷慨地赠予洛伦佐玉髓杯，并在沃尔特拉事件中支持他，甚至给予洛伦佐和他的母亲及兄弟教宗大赦（也就是赦免在人间的罪，可以进入天堂）。现在，教皇试图重新控制教皇国北部的卡斯特罗城，该城距离佛罗伦萨共和国的南部边界不远。现任卡斯特罗城的城主，在西斯笃教皇眼中是篡位者，但他却是洛伦佐的朋友。这位城主自然向洛伦佐求助。洛伦佐立即将教皇试图控制卡斯特罗城的行动视为对他个人的侮辱，并立即派兵支援他的朋友。尽管派出的兵力不足以对教皇的行动产生实质的影响，洛伦佐还是得罪并疏远了教皇，这可是他银行最重要的客户。尽管洛伦佐在青少年时期就执行过很多外交任务，但对于管理一个国家来说，他还是一个非常稚嫩的年轻人。

教皇西斯笃四世宣布，他想为侄子吉罗拉莫·里亚里奥（Girolamo Riario）购买佛罗伦萨东北部小镇伊莫拉的领地。教皇西斯笃所做的一切，几乎都是为了他这位宝贝侄子。然而，为了完成这笔交易，他需要借款超过 4 万弗罗林。除了他的银行家，教皇还能向谁借钱？但洛伦佐认为伊莫拉应该属于佛罗伦萨的势力范围，而不是教皇的领地。看看地图，谁会不同意这一观点呢。因此他拒绝向教皇出借这笔钱。他甚至还警告另一家与教皇打交道的佛罗伦萨银行也拒绝出借这笔钱。但跟教皇做生意的不只美第奇家族。帕齐家族是一个古老而德高望重的家族，由一个老叔父和十几个成年侄子组成，人丁兴旺，还拥有一家结构类似于美第奇银行的国际银行。他们不仅把钱借给了西斯笃四世教皇，还把洛伦佐试图阻止他们借钱的事告诉了他，他们对美第奇家族毫不惧怕，仿佛美第奇家族只是最普通的商业竞争对手，而不是佛罗伦萨的统治者。这是一种极大的侮辱，对帕齐家族也是一种巨大的政治风险。显然，他们告密的原因是认为洛伦佐没有给予他们家族应有的荣誉——比如在1472 年的选举中，帕齐家族在选举袋中得到的名牌寥寥无几。而现在他们的人肯定也不会再得到更多的政府要职了。

1474 年，教皇西斯笃四世推荐弗朗切斯科·萨尔维亚蒂（Francesco Salviati）担任佛罗伦萨大主教，这个萨尔维亚蒂是帕齐家族的密友，所以洛伦佐非常反对这个提名。尽管洛伦佐试图阻止教皇购买伊莫拉，搞僵了关系，教皇还是听从了洛伦佐的抗议，并提名洛伦佐的妹夫里纳尔多·奥尔西尼代替萨尔维亚蒂出任佛罗伦萨大主教。但这算是最后的仁至义尽了。随后比萨大主教职位出缺，这次教皇没有征求洛伦佐的意见就任命了萨尔维亚蒂。与此同时，西斯笃四世教皇下令对教廷在美第奇银行开立的明矾贸易账户进行审计。此时明矾在布鲁日和伦敦的价格暴跌，实际收入远没有达到教皇期待的收入。洛伦佐被教皇的审计激怒了："对我进行审计是一种耻辱！我的家族为教皇服务了几十年！"盛怒之下，他剥夺了新任大主教萨尔维亚蒂进入比萨的权利："比萨隶属佛罗伦萨，主教的人选应该征求我的意见，没有我的同意，任何人都别想成为比萨的主教。"面对美第奇家族的公然抗命，西斯笃四世教皇威胁要将洛伦佐逐出教会。一不做二不休，教皇又任命了一名帕齐家族的人成为那不勒斯附近的萨尔诺城的主教。

"在那不勒斯国王费兰特的支持下，我的这些帕齐亲戚们趾高气扬，正在竭尽所能地想要加害于我。"洛伦佐在给米兰的加莱亚佐·斯福尔扎公爵的信中如是写道，他请求加莱亚佐·斯福尔扎公爵向西斯笃四世教皇施压，以撤销萨尔维亚蒂担任比萨大主教的任命。洛伦佐之所以称帕齐家族为亲戚，是因为他的姐姐比安卡老早之前就嫁给了帕齐家族的一个侄子古列尔莫（Guylielmo）。

但比萨主教任命之战，洛伦佐完全没有机会赢。中世纪的教会实在是太强大了。就在萨尔维亚蒂终于获准进入比萨城就任大主教后不久，教皇西斯笃四世拒绝续签美第奇银行的明矾垄断贸易权，并将其转交给了帕齐家族的银行。美第奇银行再次因为其依靠财富干预政治，而付出沉重的代价。

美第奇和帕齐家族针锋相对的争斗会永无休止吗？显然不会。1477年3月，老帕齐十几个侄子中的一个，乔瓦尼·帕齐（Giovanni Pazzi）和他妻子比阿特丽斯·博罗梅（Beatrice Borromei）的堂兄之间发生了激烈的争执。博罗梅家族非常富有，而比阿特丽斯的父亲刚刚去世。由于比阿特丽斯没有兄弟姐妹，帕齐家族希望比阿特丽斯继承老父亲的财产，这样巨额遗产就会纳入帕齐家族。但她的堂兄卡罗不同意。卡罗不但先下手为强，攫取了部分财产，并坚持认为作为男性，他应该继承全部的遗产。洛伦佐这时插手了仇敌的家产继承官司，虽然他的弟弟朱利亚诺警告他不要插手，洛伦佐还是通过了一项法律，让侄子的继承权优先于女儿。这是对社会习俗

的重大变革，无疑会影响到许多人的生活、规划和前途。尽管收到
了很多强烈的反对和真诚的劝告，洛伦佐还是坚持设立了这项法律，
让帕齐家族没能够将这笔巨额遗产收入囊中。马基雅维利写道："朱
利亚诺·德·美第奇一遍又一遍地苦苦规劝他的哥哥，想要的东西
太多，可能最终会失去所有已经拥有的东西。"从朱利亚诺的经历来
看，他的确失去了所有的东西。1478 年 4 月，他在大教堂的弥撒中
被帕齐家族暗杀，而他的哥哥洛伦佐侥幸逃过一劫。

　　15 世纪的人文主义受到舆论的热情追捧，探究思维摆脱了深奥
的形而上学，聚焦于人性本身，这肯定是件好事。然而，人文主义
思潮和人性本身一样，都是如此复杂多样，以至于我们的确很难赞
同人文主义运动的每一种表现形式。也许最吸引我们的人文主义思
想，和事实上驱使我们大多数人成为人文主义者的，是这场运动中
最大的怒火根源：人文主义将其出现之前的一切视为千年的黑暗，
仿佛中世纪在某种程度上是不人道的。人文主义者为什么要这样
做？为什么这种对历史的否定对时至今日的我们仍然如此重要？

　　马西利奥·菲奇诺（Marsilio Ficino）是科西莫·德·美第奇的
门徒，他对黑暗谈得很少，却对光明谈得很多。他比洛伦佐年长 16
岁，在 1470 年年初，他比洛伦佐年迈的长辈索德里尼更成功地影响
了这位年轻的统治者，菲奇诺把自己包装为洛伦佐这名自诩权贵子
弟的哲学之父，而不是一个对争论不休的棘手问题提供具体建议的
局中人。作为一名思想家，菲奇诺最具特色的长处是兼收并蓄。他
博览群书、翻译齐身，涉猎的范围覆盖至罗马和爱琴海以东的海外，
他有一种不可思议的能力，无论在哪里都能找到事物的共同点。最

重要的是，他能将一种传统叠加到另一种传统之上。但丁在《神曲》中登临的山峰显然是希腊人的奥林匹斯山、梵语中的 Pradesha 或称"至高领域"、迦勒底人的帕尔德斯山、阿拉伯人的卡夫山，甚至是隐喻感官愉悦的维纳斯山（Venus）。菲奇诺翻译的《太阳颂》(*Hymm to the Sun*) 显然类似于柏拉图在《理想国》(*The Republic*) 中对洞穴和光明的隐喻，类似于晚期古典神学家普罗克洛斯（Proclus）的《太阳赞美诗》，还类似于圣奥古斯丁（St. Augustine）将上帝视为"灵魂的太阳"的概念 [菲奇诺在《独白集》(*Soliloquia*) 中既翻译了这一概念，又为其撰写了评论]。整个世界似乎一直遵循着一种信仰，那就是其古代祭司，包括琐罗亚斯德（Zoroaster）、赫尔墨斯·特里斯梅吉斯特斯（Hermes Trismegistus）、奥菲斯（Orpheus）、毕达哥拉斯（Pythagoras）、柏拉图、圣保罗（St. Paul）和圣奥古斯丁，这些名字虽然不同，但本质上是类似的亘古不变的宗教祭司或神父。

菲奇诺的人文主义兼收并蓄，希望消除一切分歧。这与前几个世纪的基督教形成了鲜明对比，后者遵循单一的传统，专注于既定的文字典籍，令人沮丧、压抑地将世界一刀切划分为好与坏、真与假、对与错、天堂与地狱。正因如此，对人文主义者来说，中世纪的过去与其说是应被驳斥，不如说是应被超越、被遗忘。基督教在中世纪不允许异国情调的刺激，也不允许个人自由地选择阅读或思考的内容。从现在起，任何争论都将在一个全新的领域内进行，在这里，古代与现代、东方与西方相遇，兴奋的心灵可以自由地尝试自己喜欢的东西。简而言之，人文主义打开了通往我们今天所生活的自由思想的大门。

菲奇诺思想的某些方面对洛伦佐极具吸引力。他将父亲的权威形象与王子或政治领袖有机地融合在一起，这种融合在当时的政治和文化环境中相当普遍。1473 年，洛伦佐的女儿玛德莱娜出生后，洛伦佐第三次成为父亲。父亲是一个比暴君更积极的词。菲奇诺从不放过任何一个等式，他将上帝和艺术家也纳入了等式，就像父亲和王子一样："儿子是父亲的作品，人最爱的莫过于自己的作品。这就是为什么上帝爱世人，作家爱他们的书，画家爱他们绘画出的人。"通过同样的心理过程，洛伦佐终于认定佛罗伦萨经过他的治理，他的婚姻安排，他对画家、诗人、雕塑家和建筑师的赞助，整个城市成了他个人的艺术作品。洛伦佐热爱佛罗伦萨，因为他正将它变成他的样子。至此，无论是金钱从洛伦佐的钱包流向这座城市，还是随着美第奇银行的迅速衰落，从国库流入美第奇的宫殿，都无关紧要。父子共享他们的财富。

菲奇诺的折中主义也与精英主义格格不入。这个世界在他描述中，所有人的灵魂都渴望神圣之光，但显然并非每个人都能理解这一点，大多数人仍处于无知状态。而事实本应如此，菲奇诺从古希腊文献翻译成的书籍毕竟是拉丁文，不是意大利的白话文，而只有受过良好教育的人才能读懂拉丁文。"宗教的奥秘，"菲奇诺的另一位弟子皮科·德拉·米兰多拉（Pico della Mirandola）写道，"如果不保持神秘，奥秘就不会是奥秘。"这话说得颇有道理。因此，只有在"神秘的面纱和诗意的掩饰下"，才能写出更深奥的真理。这就解释了神话中各种隐喻的复杂性，以及桑德罗·波提切利（Sandro

Botticelli）画室创作的许多令人费解的仙女和暧昧不明的半人马画作。只有那些对文化历史有深刻了解的人，那些有能力出钱委托他人作画的人才能理解。

当然，在受到菲奇诺的影响之后，洛伦佐写给卢克蕾齐娅的十四行情诗发生了变化。它们变得神秘莫测。老套的显而易见的肉欲冲动（曾经被基督正统称为罪恶）现在必须与神秘主义的上古愉悦以及对真理和美的渴望相融合，这显然并非易事。随着洛伦佐对佛罗伦萨控制力的逐渐强化，"政治秘密"的习俗也在加强，前文所述"秘密的事情"变得更加秘密。佛罗伦萨的统治者们似乎开始将自己视为某种教派崇拜的启蒙者，也许是他们对哲学之王的崇拜，形成一种权力的邪教。

洛伦佐统治佛罗伦萨的时间越长，我们现在所能得到的关于政府各委员会议情况的文献就越少。这一时期的美第奇银行账目也只剩下一些片段。我们所能得到的文献，是洛伦佐为佛罗伦萨的狂欢节创作的一些略显粗俗的歌曲，这些歌曲与那些已经老套的爱情十四行诗形成了鲜明的对比。在这里，唯一的突出之处是双关语，它既无休无止又"猥琐"得令人啼笑皆非。"哦，漂亮的女人，"他的《面包师之歌》（*Double Entendre*）结尾这样写道，"这就是我们的艺术：如果你们想在嘴里让一些东西'嘭'的一下弹起来，不妨先试试这个。"佛罗伦萨的劳工阶层一定很喜欢这首歌，甚至妇女们可能也挺喜欢的。菲奇诺的柏拉图主义的信条之一是，你要通过歌曲把其他灵魂吸引到你的立场上来，就像奥菲斯用他的琴声把欧律狄刻从黑暗中吸引过来一样。而不要试图用有理有据的论证来说服别人。

洛伦佐在其深奥的爱情十四行诗中超越了柏拉图的精神高峰，他也能用押韵的淫秽诗句诱惑着佛罗伦萨没怎么读过书的下等人。所有人都认为他是个天才。然而，他在政治和文学上花了如此多的时间，令人不禁怀疑，是谁在使用科西莫位于圣马可的祈祷室（科西莫在圣马可的祈祷室管理美第奇银行的生意）？

最终，洛伦佐终于厌倦了他幼稚的"游戏"，也就是他的那些猥琐的诗歌，而专注于"至善"。菲奇诺在 1474 年写给一位朋友的信中颇为乐观地提到了洛伦佐的进步。洛伦佐现在已经开始撰写一部名为《至善》(*The Supreme Good*) 的长篇严肃文学，其中转述了不少菲奇诺的观点。与此同时，就弗朗切斯科·萨尔维亚蒂的任命与西斯笃四世教皇的争执也开始了。菲奇诺是萨尔维亚蒂的好朋友，这让他很尴尬。虽然萨尔维亚蒂这位未来的大主教不是柏拉图人文主义者，但整个教会对新生的人文主义和折中主义并不敌视。在一次由红衣主教皮耶特罗·里亚里奥（Pietro Riario）——萨尔维亚蒂的另一位朋友，同时也是教皇西斯笃提拔为高级官员的另一位侄子——举办的宴会上，有人朗诵了一首诗，诗中写到奥林匹斯山的众神如何拒绝回应朱庇特（Jupiter）的召唤，因为他们正忙于为红衣主教和他的客人们奉上代表古典神话场景的蛋糕。有趣的是，这种令人眼花缭乱的传统融合和体制颠覆（众神侍奉红衣主教！）似乎总是与所有传统行为准则都可以被打破的感觉并行不悖。从来没有一位教皇像西斯笃四世一样，任命如此多的家族成员担任教廷的高官，无论是神学的还是世俗的。后来，在明知阴谋的目标是要杀死洛伦佐和他的弟弟朱利亚诺的情况下，西斯笃四世教皇还是对帕齐家族推翻美第奇家族的谋划点了头，"只要不涉及死亡"。

但是，你所打破的法则取决于你是谁，以及你读的是哪本经典。当洛伦佐、菲奇诺和朋友们在美第奇的乡间别墅里扮演苏格拉底（Socrates）和阿尔西比亚德斯（Alcibiades），度过愉快的午后时光时，当乔瓦尼·托尔纳布奥尼和托马索·波尔蒂纳里将自己的形象在绘画中强塞进各种圣经场景上时，一个名叫吉罗拉莫·罗吉亚蒂（Girolamo Logiati）的年轻人正在阅读萨卢斯特（Sallust）关于公元前 63 年喀提林阴谋（Catiline）的记述。1476 年 12 月，罗吉亚蒂和两名同伙模仿古人的做法，在圣斯蒂芬日的弥撒中刺杀了米兰公爵加莱亚佐·马里亚·斯福尔扎。当最勇敢的行动似乎被包裹在拙劣、滑稽和不合时宜的模仿当中时，人们或许会意识到，中世纪已经结束了，世界已经进入了近代社会。斯福尔扎是个令人厌恶的恶人，强奸和酷刑，他干了不少这类事。但这不是共和时代的古罗马，平民们没有读过萨卢斯特。他们没有起来庆祝他们的自由，相反，他们追捕了暗杀者，三个人都被抓住并处决了。

当伟大的美德可能被当作八卦，或被不同的戏剧戏说时，剩下唯一可以确定有价值的就是金钱。你可以数金币的个数，你可以称金币的重量，你还可以用牙齿咬它。在罗马，帕齐家族银行的负责人弗朗切斯科·帕齐从这次暗杀当中注意到，送走一位政治领袖是多么容易。共和宪政的价值观在佛罗伦萨这样的城市可能更有吸引力，因为佛罗伦萨已经有了一种集体错觉，认为自己是古罗马共和国荣耀在当代的转世。弗朗切斯科·帕齐身材矮小，一般人都叫他弗朗切斯奇诺，他的坏脾气和好运气是出了名的。美第奇家族已经疏远了他们的主要客户——罗马教廷的教皇，也疏远了那不勒斯国王。他们疏远了所有相信市民委员会和城市公社委员会的佛罗伦萨共和派势力。最重要的是，洛伦佐绝不会让帕齐家族重返佛罗伦萨的政治舞台。如果洛伦佐和他的兄弟被杀，那么当时和其他许多银行一样正处于艰难期的帕齐银行，将有能力接管美第奇银行的大部分业务。金钱也会带来权力。

弗朗切斯科拉拢了比萨的萨尔维亚蒂大主教和教皇的侄子吉罗拉莫·里亚里奥，后者当时统治着伊莫拉，他渴望在他的叔叔离开人世之前建立一个强大的公国。这个阴谋还可以得到教皇国和那不勒斯王国的军事支持。然而，帕齐家族的族长嗜赌成性但仍广受尊重的伊阿科波（Iacopo）叔叔，却并不愿意进行这个豪赌。原因很简单，赌注太大，赢的赔率又太低。在很长一段时间里，他一直反对暗杀行动。但最终他还是同意了。伊阿科波后来为自己改变主意辩解：弗朗切斯科不是一直运气很好吗？

帕齐家族中只有两个重要成员没有参与密谋。洛伦佐的妹夫古列尔莫·帕齐一点消息都没有接触到，因为考虑到他与美第奇家族的联姻，帕齐家族担心他对家族的忠诚度。另外，雷纳托·帕齐（Renato Pazzi）也没有参与，他被誉为帕齐家族的智囊，始终认为暗杀美第奇的人是不必要的，因为当时的美第奇银行已陷入绝境，摧毁洛伦佐的最好办法就是借钱给他，然后看着他挥霍无度，最终，他的债务会把美第奇家族压垮。雷纳托认为，美第奇家族的政治地位高低取决于美第奇银行的业务好坏。美第奇家族对佛罗伦萨城邦的控制并不那么严密，也就是说，他们还没有到可以向城市收税来为自家银行还债的地步。

帕齐家族对美第奇家族的财务危机到底了解多少？众所周知，1475 年，美第奇银行布鲁日分行在与前伦敦分行总经理杰拉尔多·卡尼吉亚尼的官司中败诉。托马索·波尔蒂纳里（Tommaso Portinari）对卡尼吉亚尼利用美第奇银行的公帑把自己包装成英国贵族感到愤怒，于是邀请他作为布鲁日分行的伦敦代理人，购买了一船英国羊毛运往佛罗伦萨。羊毛刚刚安全出海，托马索就拒绝支付货款，声称卡尼吉亚尼欠美第奇银行许多债务，这船羊毛货款抵账都还不够。"即使是土耳其人也不会这么做"，卡尼吉亚尼对托马索的这种类似诈骗的行为异常愤怒，并很快打出了他与国王爱德华四世的友谊牌。很快他将美第奇银行的一名经理人关进了监狱，并借助国王的权势最终收回了所有的货款。爱德华四世这时还欠美第奇银行大约 3 万弗罗林。

众所周知，加莱亚佐·斯福尔扎的被杀将使美第奇家族收回其背负的巨额债务的机会变得更加渺茫。加莱亚佐留下了一个年幼的儿子和一个摇摇欲坠的母系摄政，而加莱亚佐野心勃勃的弟弟洛多维科（Lodovico）一直在威胁着这个母系摄政体系。鉴于这一切，弗朗切斯科·帕齐认为，美第奇家族最强大的盟友米兰无法在危机中帮助洛伦佐。

在加莱亚佐·斯福尔扎被杀仅 3 周后，1477 年 1 月，鲁莽的勃艮第公爵查理在一次鲁莽的战斗中丧生，这显然是对美第奇银行的又一次沉重打击。即使查理的儿子能够顺利继承公爵之位，他们也没有动力和能力在短期内还清查理欠下的债务。布鲁日帕齐分行的行长皮耶朗托尼奥·迪·班迪尼·巴隆切利（Pierantonio di Bandini Baroncelli）是托马索·波尔蒂纳里的年轻妻子玛利亚·迪·班迪尼·巴隆切利的近亲，他们小时候住在同一个意大利小镇上。即使皮耶朗托尼奥可能不知道托马索的总损失已经高达 10 万弗罗林（在当时这是一笔天价巨款），他肯定也会意识到美第奇布鲁日分行已经到了绝境。最终，在勃艮第公爵死后 15 个月，皮耶朗托尼奥的另一位近亲贝尔纳多·迪·班迪尼·巴隆切利（Bernardo di Bandini Baroncelli）在大教堂的弥撒中对朱利亚诺·美第奇进行了先发制人的暗杀。但人们没想到的是，朱利亚诺·美第奇的死反而挽救了美第奇银行，并为不善管理的洛伦佐的统治延寿了 14 年。

吉罗拉莫·里亚里奥把他的私人佣兵头子——蒙特塞科伯爵，借给了弗朗切斯科·帕齐来执行这次暗杀计划。他们密谋策划在罗马动手杀了洛伦佐，但起了疑心的洛伦佐拒绝了他们去罗马的邀请。在何时何地能够找到一击致命的机会？帕齐家族陷入了焦虑，暗杀计划必须尽快行动，以免有人听到风声，夜长梦多。1478 年 4 月，17 岁的红衣主教拉斐尔·里亚里奥（Raffaele Riario，伊莫拉领主的侄子，教皇的曾侄子，简而言之，裙带关系下的典型官三代）正在佛罗伦萨访问。武装人员可以作为保护他的护卫安全地进入佛罗伦萨。美第奇兄弟在菲耶索莱的别墅里为这位年轻的红衣主教准备了一顿丰盛的接风午餐，这可能是个下手的好机会。但洛伦佐的弟弟朱利亚诺并没有参加这个宴会，密谋者们一致认为如果只杀了一个洛伦佐而没有杀掉他的弟弟，这样的暗杀是没有意义的。

于是，美第奇家族与死神的约会推迟了一个星期。在弥撒后的另一个周日午餐的机会，这位年轻的红衣主教被邀请去佛罗伦萨的美第奇宫参观洛伦佐著名的浮雕收藏。尽管两家人之间存在着明显的敌意，但似乎并没有中止正式拜访的礼节。然而，原本应该一起出现的朱利亚诺又一次没有和洛伦佐一起吃饭。密谋者们惊慌失措，紧急商讨后，他们一致同意事情不能再拖了，必须在几分钟后的弥撒上动手。但雇佣兵蒙特塞科伯爵——原本负责亲自杀死洛伦佐的刺客，拒绝行动。他抗议说，不能在教堂里动手，上帝会在教堂里看到他的。这个雇佣兵的确不太聪明，难道他以为万能的上帝在其他地方就看不到吗？蒙特塞科是这群人中最专业的刺客，所以他才会负责杀掉最关键的人。大家迫不及待的原因是，已经有人被派去朱利亚诺家劝他去教堂了。事情紧急，来不及劝说愚昧的雇佣兵改变主意了，最终两名牧师被委以蒙特塞科的重任，刺杀洛伦佐。牧师杀人似乎有违直觉，但没有人觉得他们俩被委以杀掉洛伦佐的任务很奇怪。其中一位来自被洛伦佐屠城的沃尔特拉，因此他有充分的理由对洛伦佐心怀怨恨。刺杀的同时，教皇的一支军队已经行进到佛罗伦萨的南部，比萨大主教弗朗切斯科·萨尔维亚蒂则带着大约30名来自佩鲁贾（Perugia）的重装士兵，前往占领佛罗伦萨政府所在地——领主宫。

佛罗伦萨共和制的规则之一是，在为期两个月的执政期间，八位城市首长和为首的正义旗手必须一直待在领主宫，同吃同住，不得外出。从这个角度看，八周的执政时间似乎相当漫长，这也许就是美第奇家族很少在领主宫任职的原因。美第奇家族那天走了大运，当时的佛罗伦萨政府首脑，正义旗手切萨雷·佩特鲁奇（Cesare Petrucci）正是 1470 年在普拉托成功镇压武装起义的勇敢之人。当萨尔维亚蒂前来求见时，佩特鲁奇只用了片刻时间就意识到大主教的行为有些可疑，并先下手为强，迅速将他和他的手下缴械，并全部关了起来。

在教堂里，事情进展得也不顺利。美第奇兄弟分立两地，站得很远。在弥撒中的某个约定时刻，弗朗切斯科·帕齐和巴隆切利突然从人群中暴起，乱刀刺死了朱利亚诺。这两人干得如此干净利落，为什么不给他们俩指派杀洛伦佐的任务？弗朗切斯科反复猛烈地捅刺朱利亚诺，以至于失手刺伤了自己的腿，几乎无法行走，更不用说逃走了。刹那间，座无虚席的教堂里一片骚动。跟朱利亚诺不同，负责杀死洛伦佐的两位神父没能伤到他们的目标。弗朗切斯科·诺里曾是审查米兰阿克里托·波尔蒂纳里账户的检查员，现在是美第奇银行佛罗伦萨分行的行长，他挡住了刺客的去路，最终被巴隆切利刺死了。一个银行经理用自己的身体保护自己的老板，这是极其不寻常的。受惊的洛伦佐拔剑而逃。在刺客们反应过来之前，洛伦佐已经把自己锁在圣器室里，确保了自己的安全。城门外，教皇的军队也没有及时出现。刺杀失败，帕齐家族的族长，老伊阿科波叔叔只能骑上马在街上大喊"自由！"，希望鼓动平民起来对抗美第奇家族，但混乱的人群对此不以为然。最后，平民们反倒团结起来，站到了洛伦佐的一边。洛伦佐在自家阳台上发表讲话。平民们将他视为法律和秩序的代言人。这是美第奇家族迈向专政的巨大一步。

复仇是迅速而残酷的。萨尔维亚蒂大主教、弗朗切斯科·帕齐和其他数十人，被吊死在宫殿的窗户上，有的甚至被从楼上扔下摔死，尽管其中许多人是无辜的。尸体被拖到街上，遭到嘲笑和亵渎。只有巴隆切利顺利逃出。年轻的红衣主教里亚里奥被囚禁了起来，为了阻止教皇对在罗马的佛罗伦萨人进行报复，人质是必不可少的。除了洛伦佐的姐夫古列尔莫之外，所有帕齐家族的成年男子都被杀死或囚禁。他们的子女被勒令改姓。他们的遗孀和女儿被禁止结婚。短短几年内，帕齐家族分散在欧洲各地的财产被追查和没收。家族的姓氏和徽章全部被销毁。

虽然躲过了暗杀，但洛伦佐的麻烦才刚刚开始。接下来的两年将是他一生中最重要的转折点。现在他形势危急，不仅他的银行业务一落千丈，他的兄弟和他为数不多的生意伙伴被杀或死亡，现在教皇还准备将他和所有为他辩护的人逐出教会。西斯笃四世向意大利各地，甚至整个欧洲各地写信，旨在破坏洛伦佐的声誉，削减他的支持。之后教皇国和那不勒斯王国同时向佛罗伦萨宣战，并迅速展开犀利的进攻。他们宣称，只有洛伦佐才是他们的敌人，希望佛罗伦萨人民抛弃他们的领袖。但这种策略几乎没有奏效，尤其是在教堂刺杀未遂之后。

洛伦佐的前半生历练也许没有为他妥善经营家族银行做好准备，但放眼意大利，可能没有人比他更擅长打宣传战了。他写给其他国家元首的信件数不胜数，既亲切又有说服力。这个人就是泡在不同阶层的人给他写的请愿信中长大的，写信陈情对他来说，是再自然不过的事情。而且他对言辞有着卓越的掌控能力，这种掌控力在鼓动法国的路易十一（Louis XI）继续宣称对那不勒斯王位的声索（借助法国给那不勒斯军事压力）及平息米兰和威尼斯的争端并派遣军队援助佛罗伦萨两件事上表现得淋漓尽致。在佛罗伦萨，桑德罗·波提切利受雇为被绞死的密谋暗杀团伙绘制壁画——不是在建筑物内，而是在靠近领主宫的外墙上，画家报酬是 40 弗罗林，出钱的是佛罗伦萨政府，而不是美第奇家族。安德烈亚·德尔·卡斯塔尼奥（Andrea del Castagno）也在帕齐宫的外墙上完成了类似的画作。16 世纪的艺术史学家瓦萨里（Vasari）兴致勃勃地说道："极自然的肖像画，头朝下以奇怪的姿势倒吊着，所有的人物各不相同，美轮美奂。"显然，在艺术中没有什么是不能变得美丽的，罪行和惩罚也能被艺术所美化。因为这些壁画，在尸体腐烂很久之后，帕齐家族的罪行及其惩罚仍将壮观地呈现在公众面前。雕塑家韦罗基奥（Verrocchio）奉命为洛伦佐制作三尊真人大小的雕像，陈列在各个教堂中。你看，一个城市盛产艺术家的好处就在这里。真可惜当时没有复制这些艺术品的机器，没有照片，也没有海报。

与此同时，洛伦佐的私人朋友，也是他的孩子们的老师，才华横溢的诗人安杰洛·波利齐亚诺（Angelo Poliziano），被委以撰写这次阴谋的官方版本的重任，以最恶劣的方式描绘帕齐家族及其帮凶。他参考的是萨卢斯特，关于启发斯福尔扎刺客们的那本书。但在这里，密谋暗杀团伙并没有被赋予勇敢的共和主义捍卫者和穷人之友的角色。他们被描绘成无知、自私、残忍、贪婪的大恶人。借助印刷术新近传播到意大利的这一优势，这一丑化抹黑的版本被尽可能广泛地传播。动机不良的言论总是被印刷和传播得更快，即使在今天，也没有什么比心怀不良的谎言更能迅速传播的了。无论付出什么样的代价，洛伦佐都要说服佛罗伦萨人，他的敌人都是罪该万死的恶棍。

　　虽然国内的舆论宣传战进展顺利，但战场上的真正冲突则是另一回事。入侵的教皇联军相对轻松地攻入了托斯卡纳地区。显然，现在不是对美第奇银行业务进行重组的时候，也不是考虑调整那些使银行陷入困境的疯狂政策的时机。美第奇银行在罗马和那不勒斯的所有资产都已经被没收，银行员工被驱逐。现在整个银行当中，几乎没有一家分行盈利。然而，对洛伦佐来说，弄到钱从来都不是一件难事。由于他父亲的堂兄、美第奇银行的第二大股东皮耶尔弗朗切斯科·德·美第奇于1476年去世，而他幸存的继承人小洛伦佐和小乔瓦尼分别只有15岁和11岁，作为他们的财务监护人，洛伦佐将属于他们的遗产装在13个皮袋里。1478年5月1日，他从皮袋里拿走了20 000弗罗林；5月3日，他又拿走了5 000弗罗林；6月2日，8 000弗罗林；8月8日，8 000弗罗林；8月13日，1 600弗罗林；9月27日，11 000弗罗林，似乎这笔钱源源不绝。后来，洛伦佐也开始在没有官方授权的情况下，从公共财政，也就是佛罗伦萨国库那里筹集资金。雷纳托·帕齐在暗杀计划前一直坚信美第奇做不到的事，如今洛伦佐真的做到了，而雷纳托现在已经在绞架上扭断了脖子。在未来几年中，洛伦佐从佛罗伦萨政府那里拿走75 000弗罗林，为了筹集现金，他甚至向自己的分行行长们乞借金币。弗朗切斯科·萨塞蒂应允了借钱的请求，他自己的小金库积聚了不少钱。托马索·波尔蒂纳里却拒绝了借钱的请求。洛伦佐视这种拒不借钱为对他的人身侮辱，并最终让其认清了托马索·波尔蒂纳里的品性，他决定切断两家的合作关系，关闭布鲁日和米兰的分行。

暗杀未遂一年后的 1479 年，佛罗伦萨被封锁。这年瘟疫肆虐。当地神父被要求违反教皇的敕令，迅速埋葬死者。佛罗伦萨的两个雇佣兵将领开始争吵不休，最终闹到他们的军队必须保持分开以防止他们自相残杀。混乱至此，洛伦佐的军队很难对敌人施加任何军事压力。当然，他也没法写诗了。就连一向温柔听话的克拉丽斯，当时已是六个孩子的母亲，也开始反抗了。为了安全起见，洛伦佐全家，连同作为家庭教师风度翩翩的诗人波利齐亚诺（Poliziano），都被送到了乡下。然而洛伦佐孩子的母亲和他请的家庭老师互相厌恶，不停写信向洛伦佐抱怨告状：那个人教乔瓦尼的是异教经典中的拉丁文，而不是神圣的诗篇！乔瓦尼是洛伦佐的次子。家庭教师波利齐亚诺则抱怨说，只要他们的母亲不在，这些孩子就学得飞快，这是旧式基督教信仰与新式人文主义的对抗。就像分行行长们的冲突一样，洛伦佐不知道该如何回应。也许他真的喜欢他手下的人意见相左，而不是联合起来对他的地位造成威胁。克拉丽斯最终把这位人文主义诗人赶出了家门，她宁愿让神父当家庭教师教导她的孩子。洛伦佐虽然勃然大怒，但没有采取任何行动。从这场冲突的双方吸取营养，年轻的乔瓦尼后来成为罗马最兼收并蓄、最具人文主义、也最任人唯亲的教皇。

1479 年 9 月，洛伦佐的敌人攻占了波吉奥要塞。但时节入冬，天气不再适合作战，进攻方暂停了军事行动。而在第二年春天，那不勒斯军队和佛罗伦萨城门之间已空无一物。佛罗伦萨的人民已经被征税到了极限，尤其是在当敌人反复宣称，如果他们除掉现在的领袖，战争就会平息的时候。威尼斯人和米兰人更关心他们之间的争端，而不是向佛罗伦萨提供军事支援，好让他们的官方盟友保留最后一丝成功自卫的机会。洛伦佐该怎么办呢？

史书上对美第奇家族是否真心支持共和体制，还是计划让自己成为世袭王公等问题争论不休。尽管塑造高贵的出身是美第奇家族战略的重要部分，但聪明的洛伦佐很清楚，仅靠高贵的出身是完全不够的，金钱的力量同样重要。但美第奇家族的财富已经所剩无几了。不过，除了出身和财富，洛伦佐还有一个撒手锏，就是其个人才能的卓越性，它是教育、声望和人格魅力的混合体。在即将到来的新世界里，对领袖的崇拜或许可以取代国王血统的法统正当性。1479 年 12 月 6 日黎明时分，洛伦佐带着昂贵的礼物，启程前往比萨，然后乘船前往那不勒斯，在费兰特国王的家中与他进行面对面的谈判。在独自做出亲赴敌营谈判的决定后，他写了一封感人至深的信给佛罗伦萨宪法规定的掌权者——八名城市首长和为首的正义旗手，信中他表示愿意为了城市的利益牺牲自己。"我怀着这样一个美好的愿望出发了：也许上帝怜悯，既然这场战争是以我和我兄弟的鲜血开始的，那么它也能以我的鲜血结束……如果我们的敌人如同他们宣称的那样，只想要我的性命，他们就可以轻易地把我抓在手里；如果他们还想要别的东西，那我们就拭目以待吧。"这封信是经过深思熟虑的，也许的确发自真心。毫无疑问，洛伦佐预见到这封信必将载入史册。

吉恰尔迪尼在他的《佛罗伦萨史》（*Storia florentine*）中指出，

洛伦佐最终从那不勒斯带回来的昂贵和平条约，即使不是洛伦佐亲赴敌营谈判，换了一般的使节也一样可以达成。然而，身赴险境这一举动的戏剧性显然更震撼人心。能想到这一招并敢于这么实施，实在前无古人。这件事对于洛伦佐后来为自己塑造的佛罗伦萨领袖形象绝对是最关键的一环。舆论宣传虽然可以虚构编造出很多东西，但一旦这些内容有一个真实事迹为内核，其威力就大大不同了。当然，洛伦佐并不是傻乎乎地去孤注一掷，早在出发前他就与费兰特国王展开了秘密谈判，他的袖子里有各种外交筹码，可以与对方做出交换。但无论如何，将自己交到一个"最不安分、最无信义、最有敌意的国王手中"是需要极大勇气的，毕竟这个人不久前还答应让雇佣兵军阀伊阿科波·皮奇尼诺（Iacopo Piccinino，著名的尼科尔之子）安全通行，却在其抵达后将他抓捕处死。

　　司汤达（Stendhal）在《意大利绘画史》（*Historie de la Peintrue en Italie*）中指出，美第奇家族只有通过对艺术的激情和愉悦的药物，才能压制佛罗伦萨人"对自由的狂热热爱和对贵族的无情憎恨"。他们之所以接受美第奇家族，是因为这个家族让这座城市充满了美丽的事物。这或许有些道理，但如果我们将艺术和美学局限于经典艺术作品，那就狭隘了。壁画、雕塑、宫殿是远远不够的。洛伦佐深入虎穴，这是一个了不起的举动。在漫长的三个月里，他说服了敌人，迷住了费兰特国王。这场冒险有如戏剧般伟大，让佛罗伦萨人心生爱慕。从现在起，他们知道他们是被一个有胆识和魅力的男人统治着。除此以外，还有巨大的运气。1480 年 8 月，土耳其军队在意大利半岛登陆，掠夺了东南海岸的奥特朗托。12 000 人被杀害，10 000 人被掳为奴。与这些伤亡数字相比，本书中提到的所有其他意大利的战争都显得微不足道。但这噩耗对洛伦佐来说却是个好消息。作为对共同努力击退异教徒的回报，他可以要求费兰特国王归还在签订的条约中让出的领土，还能从现在神经兮兮、草木皆兵的教皇西斯笃四世那里得到完全的赦免。

就这样，出乎所有人意料，一切终于恢复了正常，就好像帕齐阴谋从未发生过一样。1478 年，暗杀未遂后，佛罗伦萨的主教立刻写信给西斯笃四世教皇，骂他是"坐在彼得之位上的犹大"。作为回应，洛伦佐被教皇定罪为"异教徒"，这通常意味着死刑。然而现在，仅仅 3 年之后，一切都被宽恕和遗忘了。1481 年 12 月，乔瓦尼·托尔纳布奥尼再次来到罗马，商谈教皇欠美第奇银行的债务，安抚老客户，恢复银行业务。然而，事情还是发生了一些变化。在给侄子洛伦佐的回信中，乔瓦尼·托尔纳布奥尼第一次从亲切的"tu"（意大利语，相当于你）改成了正式的"voi"（相当于您），就像是在向上级致辞一样。作为美第奇银行的总行行长，洛伦佐一直被称为"la Magnificenza vostra"（尊贵的阁下）。他的父亲也用这个称呼，晚年的科西莫也是如此，这算是普通的礼节。但现在，在那不勒斯议和的壮举之后，在将这座城市的命运掌握在自己手中并将其从敌人手中解救出来之后，洛伦佐的称呼突然变成了"伟大的洛伦佐"（Il Magnifico）。他开始独享殊荣，日常的礼节被提升为对个人的崇拜。当僵硬的老伯伯也要向他屈膝致敬的时候，洛伦佐对银行的需求已不复存在。你没法想象一个被尊为"伟大的"政治领袖，会因为缺钱而失去权力。

洛伦佐的个人传记当然倾向于传颂他的伟大事迹。它们专注于
1480 年至 1492 年这一时期，并将其描述为黄金时代。马基雅维利
在 16 世纪意大利面临外国统治的阴霾下不也是这样描述的吗？洛伦
佐操纵着私人和公共艺术赞助，将伟大的画家送到那些想要最好作
品的人身边。他自己倒是很少委托画家作画，因为现在他资金短缺，
而且正如下文将要描述的一样，他的金币还有更重要的用途。即使
当他花钱赞助艺术家的时候，也不是用于科西莫赞助的那种公共和
宗教项目。洛伦佐购买的都是私人艺术品，一方面，他喜欢独占东
西的感觉；另一方面，他显然已经掌握了利用艺术甚至诗歌来提高
国家声誉和统治合法性的窍门。佛罗伦萨政府将主持和促进艺术的
诞生，人们普遍认为这样的政策是一件好事。幸运的是，当时有大
量的一流艺术家：吉兰达约、韦罗基奥、佩鲁吉诺（Perugino）、波
莱乌洛（Pollairolo）、波提切利、莱昂纳多，等等。更幸运的是，当
时也有许多优秀的作家——波利齐亚诺、兰迪诺（Landino）、洛伦
佐本人——能够将托斯卡纳的方言融入通行的意大利语之中，这是一
场超越任何军事胜利的政变。

洛伦佐的外交能力也备受赞誉。他"几乎成了整个意大利的平
衡"，吉恰尔迪尼说，这意味着洛伦佐维护了权力的平衡。后来的传
记作者采用了这一说法，但没有使用"几乎"一词。洛伦佐反对威
尼斯在 15 世纪 80 年代初对费拉拉的扩张主义进攻；他反对教皇英
诺森八世（Innocent VIII）在 80 年代中期对那不勒斯的扩张主义进
攻；他现在行事更加谨慎，从长远来看，他选择不疏远任何人，对
所有人都施以恩惠。作为意大利五大国中最弱的一个，洛伦佐显然

希望维持现状。由于无法在军事上大放异彩，他的城市必须在艺术成就上脱颖而出。当时的权宜之计现在被认为是美德。

或者说，传记的写法与颂歌的写法截然相反，就像佛罗伦萨的一些市民对洛伦佐的憎恨越强烈，世人对他的赞美就越强烈一样。从那不勒斯回来后，洛伦佐做的第一件事就是对佛罗伦萨政府进行了另一次也是最后一次改革。一个由 70 名美第奇家族支持者组成的新宪法机构被赋予了巨大的权力。每一张反对洛伦佐的选票都被视为对他个人的侮辱，每一幅被委托创作的画作都考虑到了画家政治上的忠诚和图画的宣传价值。虽然一直宣扬和平的重要，洛伦佐却不失时机地扩大了佛罗伦萨的疆域。1484 年，佛罗伦萨以最微小的借口，从热那亚人手中夺取了皮耶特拉桑塔。他写下了令人信服的自由婚姻的必要性的文章，自己却将新娘强加给了不情愿的配偶，将 14 岁的女儿玛德莱娜许配给了教皇西斯笃的继任者英诺森八世的私生子，此人放荡不羁、酗酒成性。他口口声声说要实现财政平等，并推出了一种新银币（quattrino bianco），所有关税都必须用这种银币支付。这时皮乔利银币早已严重贬值，然而新货币实际上将穷人缴纳的税款增加了 25%，却并没有增加他们的收入。

他抱怨权力给他带来的沉重负担，却更加坚定地行使手中掌握的权力，"完全按照自己的意志控制着这座城市，就像王子挥舞着指挥棒一样"，吉恰尔迪尼说道。1489 年 1 月，洛伦佐 40 岁生日后的第四天的早晨，他冲出市政厅，挥舞着他那已经因风湿而疼痛发福的手臂，让人群安静下来。广场上的人群希望某个罪犯免于处决，然而洛伦佐却在这里下令：现在就绞死他。最终，这个杀了一名警察的囚犯被绞死了。四名抗议行刑的人被鞭打后流放，洛伦佐对警察力量进行了相当大的投资。他现在去任何地方都要带着十几个武装保镖，当然这些人的费用由国家买单。

洛伦佐是暴君，帕齐家族的阴谋家是维护共和的殉道者，这就是阿拉曼诺·里努奇尼（Alamanno Rinuccini）《关于自由的对话》（*Dialogue on Liberty*）的主旨。1479 年，在与那不勒斯和教皇的战争期间，作者退隐乡间别墅，以古典文风写下了这篇文章。他写道，面对美第奇家族的暴政，一个诚实的人唯一能做的就是退出公共生活。里努奇尼曾在美第奇银行担任过要职，他将从希腊文翻译的各种作品献给了美第奇家族；但现在他与洛伦佐闹翻了，他毕生的积蓄都存在帕齐家族的银行里。然而，在写完这篇文章（他很明智地没有将其出版）后不久，他就回到了佛罗伦萨，并在各种公职上为美第奇政权服务多年。

这个案例中的首鼠两端具有象征意义。里努奇尼文章的核心是否在于他对美第奇家族的谴责？还是有酸葡萄心理和修辞夸张的成分？他出任公职是不是一个可悲的骗局，替一个危险的暴君为虎作伥？抑或是一种荣誉或乐趣？马可·帕伦蒂（Marco Parenti）写道："议会中的许多人都在别墅里的晚餐时间讨论谴责美第奇家族的问题，但一回到佛罗伦萨城里，他们就按照美第奇家族的吩咐投票。"似乎有一种新的人格正在形成：这种人认为，私下里正直而支持自由，却在公开场合顺从专制路线，并不是什么大问题。也许这是为了应对一种新的社会架构而出现的心理反应。在这种社会中，公共生活总是需要放弃诚实正直，权力的基础总是令人怀疑，总是需要不断地努力自我宣传以维护其合法性。在这种阴暗的环境中，写颂歌或抨击文学的内容，都是偏颇和不全面的。

洛伦佐当时对所有的人都疑神疑鬼，以至于他经常让自己的私人间谍跟踪和监视佛罗伦萨驻外国宫廷的官方大使。然而，他对银行经理们的信任似乎是无止境的。总行负责人弗朗切斯科·萨塞蒂是个很难做出令人不快的决定的人，尽管他在佛罗伦萨的洛伦佐家中工作，但他还是完全听从自己的主见。在罗马，乔瓦尼·托尔纳布奥尼舅舅从悲观转到乐观，虽然既没有长远眼光，也缺乏灵活性。他抱怨英诺森教皇不愿意偿还债务，"教皇就像尸体一样顽固不化"。然而，托尔纳布奥尼却继续将银行的大部分资金与教廷绑在一起。在布鲁日，在最后撕破脸之前，托马索·波尔蒂纳里实际上已经成功说服了洛伦佐，为分行唯一盈利的业务——偶尔进口的英国羊毛——成立了一家独立的公司。由于托马索·波尔蒂纳里在这家公司中的股份比在银行中的股份要多，因此他从收益中分得了更大的一杯羹，而在布鲁日分行的整体亏损中损失的金钱却较少。洛伦佐后来抱怨说："他利用了我的经验不足。"但在当时，"伟大的洛伦佐"已经统治佛罗伦萨共和国多年，而一个聪慧的孩子都能理解这笔交易背后的数学。

美第奇银行的最后几年笼罩着一种闹剧般的滑稽气氛。在第一代各式奇葩的基础上，第二代不接地气和狂妄自大的一辈人正在茁壮成长。在布鲁日，洛伦佐的远房表兄安东尼奥·美第奇傲慢到不可理喻，以至于当家族宣布将他提拔为副行长时，分行的员工群起抗议，声称如果他来当老板，所有人将辞职罢工，最终这位公子哥不得不被召回佛罗伦萨。后来，安东尼奥被派往君士坦丁堡执行外交任务，成功地引渡回了刺杀朱利亚诺的凶手贝尔纳多·迪·班迪尼·巴隆切利。在里昂，洛伦佐的妹夫莱昂内托·德·罗西坚信他的一名手下，银行总管的儿子科西莫·萨塞蒂一定是被派来监视他的。这个可能性并不低，毕竟，莱昂内托在写给洛伦佐的尖酸刻薄的信中，对这个孩子的父亲进行了极尽侮辱之能事的攻击。幸运的是，年轻的萨塞蒂既轻信也冲动。莱昂内托被不良贷款造成的损失压得喘不过气来，他派科西莫回到佛罗伦萨，报告有虚假盈利的资产负债表。这位美第奇银行总行行长的儿子是唯一被欺骗的人。1485 年，一位名叫洛伦佐·斯皮内利（Lorenzo Spinelli）的人来到里昂进行审计，他写信给洛伦佐说："莱昂内托已经完全疯了。"

美第奇银行正在为其对政治权力的致命吸引力付出代价。以声誉和地位而非是否有偿还债务能力判断是否发放贷款已经是非常不靠谱的商业模式，但更疯狂的是，向那些认为欠债还钱不是天经地义，认定还款本身就是有失体面的人提供巨额贷款。这些人不是你可以告上法庭的那个阶级，他们本身就是法庭，他们的话就是法律，借钱给他们中的一个人的条件往往是你不能借钱给另一个人。法国的路易十一国王对美第奇家族资助他的敌人鲁莽查理公爵非常愤怒，于是他就对里昂的银行采取了制裁措施。因为法国分行没有向托纳尔布奥尼寄送教皇敕令所要求的资金，他拒绝兑现里昂银行开出的一份重要信用证。

这导致里昂银行的信誉一落千丈。佛罗伦萨分行甚至开始与法国的另一家非美第奇代理商进行丝绸交易。至少跟这些人交易，不会被克扣报酬。莱昂内托勃然大怒。如果其他分行都把生意转到别家去了，还怎么能让里昂分行重新盈利呢？但为时已晚，洛伦佐假意热情地邀请他的这位妹夫回到佛罗伦萨商讨事宜，却在莱昂内托抵达佛罗伦萨时将他立刻逮捕，关进了债务监狱。

这样的事情已经不是第一次了。1480 年伦敦分行关闭后，托马索·圭德蒂（Tommaso Guidetti）回到佛罗伦萨，应银行威尼斯分行的要求，他立刻被逮捕了，理由是他没有向威尼斯分行支付一船醋栗的货款，这笔债务超过 3 500 弗罗林。圭德蒂声称，他在布鲁日已经付给托马索·波尔蒂纳里钱了。虽然他的话有一定的可信度，但他还是逃离了佛罗伦萨，抛弃了怀孕的妻子。30 多年后，此案仍悬而未决。

当时累积的各类法庭案件越来越多，来不及审理。洛伦佐因为从他年轻的堂兄弟——皮耶尔弗朗切斯科·德·美第奇的两个儿子那里攫取挪用了遗产而被起诉。1485 年，洛伦佐不得不出售珍贵的乡村别墅以赔偿对方的损失，这对洛伦佐的声望造成了巨大伤害。而关于没收布鲁日大帆船的法律诉讼一直持续到 16 世纪的第二个十年。为了伸张正义，托马索·波尔蒂纳里让汉斯·梅姆林给他画了一幅画，画中他赤身裸体地跪在一对巨大的天平上，天平被一个巨大的黑色死亡天使高举着。最后的审判是对一个人道德价值的最终评判，科西莫时代的商人们对这一场景感到非常不安，但到了洛伦佐的时代，这一场景却成了展示自信和无辜的载体，仿佛这个人非常确信自己正在通往天堂的路上。洛伦佐在审计了托马索·波尔蒂纳里在布鲁日的表现后，计算出他造成了 7 万弗罗林的损失。他讽刺地说：

"这就是托马索·波尔蒂纳里的管理带来的巨大的收益。"然而实际上他算错了，布鲁日分行造成的亏空远远超过 10 万弗罗林。

阿维尼翁分行于 1478 年关闭，米兰分行也关闭了。著名的豪宅被卖掉了，两个羊毛作坊中的一个已经消失。丝绸作坊于 1480 年关闭，同年，伦敦和布鲁日分行及其所有债务正式移交给托马索·波尔蒂纳里。威尼斯分行于 1481 年关闭。1482 年，美第奇家族制定了一项重组整个银行的提案。美第奇银行将分为两大公司，一部分由托尔纳布奥尼管理，即罗马和那不勒斯；另一部分由萨塞蒂管理，即佛罗伦萨、里昂和比萨。两个山头，两队人马，两个完全独立的实体，满足了两个自傲的人巨大的自尊。然而银行的总资本当时只剩大约 52 000 弗罗林，其中洛伦佐拥有的部分不到 20 000 弗罗林，与他继承的巨额遗产相比简直只剩沧海一粟。但这个计划最终也不了了之。因为没法采取任何措施来协调仅剩的分行协同行动，也没有办法让它们的负责人关心其他分行的损失。美第奇银行没有对经济活动做出任何重大贡献，只是如僵尸一般资助各式各样的战争和为负债累累的贵族阶层的奢侈品消费提供资金，在那些被称为"黄金时代"的岁月里，美第奇银行继续着不光彩的衰落。比萨分行于 1489 年倒闭，那时美第奇银行只剩下佛罗伦萨、罗马、那不勒斯和里昂分行了。

幸运的是，除了银行业务，银行家们还有其他事情可做。科西莫用他的员工去寻找古老的手稿；皮耶罗为孩子们购买了绘画、挂毯和小马；1483 年后，洛伦佐开始派他的银行经理们为他的第四个孩子，也就是次子乔瓦尼寻找有利可图的教会职位，乔瓦尼这时刚刚接受了神职任命，被授予了教士身份，虽然那年他 8 岁。几乎就在同一时间，美第奇银行里昂分行替乔瓦尼谋得了高职，使他成为法国西部丰杜斯修道院院长。后来，他又获得了沙特尔附近的圣热梅修道院的任命。教会收入是稳定且无风险的。当科西莫·萨塞蒂带着幼年主教发出的接管修道院的命令来到普瓦捷附近的勒平修道院时，修道院的修道士们把自己关在了修道院中，拒不接受命令。洛伦佐在银行业务中损失惨重，但那时他终于找到了适合自己的赚钱方式。这是一个关系、恩惠、礼物和承诺的谜题，正是洛伦佐所擅长的。教会的产业一个接一个地落入了他儿子的囊中：通往锡耶纳的帕西尼亚诺修道院，普拉托、阿诺河谷、穆杰罗的教堂，那不勒斯附近的卡西诺山修道院，米兰附近的莫里蒙多修道院。到美第奇银行倒闭时，教会的收入为美第奇家族提供了新的经济来源。

这个家族的新方向，需要洛伦佐投入一切可以调动的资源。和每个他参与的项目一样，他雄心勃勃，志在高远。在将小女儿玛德莱娜嫁给教皇的放荡不羁的儿子后不久，他就让银行借给教廷 3 万弗罗林，这已经是银行信用的极限了。尽管美第奇银行不再垄断明矾的销售，也没有多少销售渠道，但洛伦佐还是接受了用明矾，而不是现金来偿还教皇欠款的条件。每个从佛罗伦萨前往罗马的外交信使都开始给教皇英诺森带各式礼物。既然教皇喜欢吃野味，那就给他带点野味吧。教皇喜欢葡萄酒，这里有 18 瓶最好的维奈西卡葡萄酒，还有漂亮的布料和最好的艺术家，以及一切能让教皇陛下高兴的东西。"教皇睡在洛伦佐的眼睛里。"一位来自费拉拉的议员评论道。在饱受攻击之下，对教皇的拉拢终于成功了。1489 年，英诺森教皇屈服了，放宽了年龄限制，让 13 岁的乔瓦尼·迪·洛伦佐·德·美第奇成为最年轻的红衣主教。现在他可以积累更多的恩典了。洛伦佐宣布："这是我们家族有史以来最大的荣耀。"靠着红衣主教乔瓦尼·德·美第奇，也就是后来的教皇利奥十世（Leo X），美第奇家族从 1494 年被逐出佛罗伦萨之后，到 1512 年重返佛罗伦萨间的十多年中，将家族的财富保全了下来。

但教会并没有完全腐朽。当美第奇家族试图通过获取教会收入来巩固家族的世俗权力时，美第奇的近亲吉罗拉莫·萨伏那洛拉（Girolamo Savonarola）却在以完全不同的方式攀登教会等级。与年轻的乔瓦尼一样，萨伏那洛拉有一天也会戴上红衣主教的帽子。和乔瓦尼一样，红衣主教的任命，或者说任命的前提条件，是一种交易或者交换，就好像教会的任命是一种公认的货币形式。对乔瓦尼来说，这份荣誉是对美第奇家族已经给予英诺森教皇和教会的恩惠的回报；而对萨伏那洛拉来说，红衣主教的职位是以他将来给予罗马的好处为条件的：他必须收敛煽动性的布道，必须回归正轨，必须停止仿佛他与上帝直接接触、比官方教会更神圣的行为。萨伏那洛拉拒绝了。他回复教皇说："我不想要任何帽子，也不想要或大或小的头巾；我唯一想要的就是你给予圣徒的东西：死亡。一顶红色的帽子，一顶鲜血的帽子，这就是我想要的。"

萨伏那洛拉是洛伦佐、美第奇家族和银行家的对立面。佛罗伦萨终于出现了一个不做交易的人，一个对交换艺术毫无兴趣的人，一个不会被诱惑的人。然而，像洛伦佐一样，萨伏那洛拉也是一位艺术家，而且以他自己的方式进行表演。他的布道令人恐惧，充满了阴郁和末日的气息，他告诉人们需要进行彻底的精神重建，他改变了洛伦佐和美第奇家族末期的佛罗伦萨，让伟大的洛伦佐的功绩显得微不足道。

中世纪的基督教用了一千年的时间才产生了人文主义这场谨慎的革命，这场运动渴望摆脱基督教的束缚，但又小心翼翼，绝不放弃信仰的原则。折中主义和人文主义只用了一百年就引起了萨伏那洛拉的反弹。但从世俗开始悄然进入神圣空间的那一刻起，银行家们就开始在祭坛壁画和陵墓上满足他们的虚荣心，红衣主教们开始在存款上收取他们的"酌情"回报，教皇们开始把神话和祈祷书混为一谈，更不用说圣战和商业垄断了。萨伏那洛拉以及在他之后不久出现的路德（Luther）都是正在形成中的新旗帜，他们是为了反对被视为腐败的教会权威而形成的基要主义者。与早期的基督徒不同，他们并没有号召自己的追随者脱离世俗，过一种彻底与世隔绝的生活。相反，他们要求官方和强大的基督教会成为真正的基督教徒。这种转变一旦发生，其政治后果将是巨大的。

萨伏那洛拉 1452 年出生于费拉拉，原本是医生，因《创世纪》（Genesis）中的一句话"离开你的国家！"从医学生涯中投入神学。1482 年至 1487 年间首次在佛罗伦萨布道。"他似乎引入了一种新的念诵上帝话语的方式，使讲道不再划分段落，不提出问题和答案，从不唱歌，避免华丽辞藻和雄辩。他的目标仅仅是解释《旧约》（Old Testament）中的某些内容，介绍早期教会的简朴……"这是一位与他同时代的人的评论。萨伏那洛拉的传道并不是中世纪基督教布道的回归，这一描述中的否定词告诉了我们这一点，它没有旧式的学者式的空洞说教，也没有从古典作家那里引用漂亮的语录，也不会提及上帝之言以外的任何神话或权威。在一个充斥着太多思想的社会里，在一个被昂贵的世俗小玩意儿弄得杂乱无章的教会里，萨伏那洛拉将他的基督教剥离得只剩下光秃秃的经文和赤裸裸的十字架。他说："我感觉到自己的内心有一束光。那就是基督，世界之光。但并不像菲奇诺所说的那样，是柏拉图的光，或普罗克洛斯的光，或某种奥菲克赞美诗的光。哦，神父们，哦，基督教会的牧师们，"萨伏那洛拉喊道，"离开你们不应当持有的荣华富贵，离开你们的浮华生活，离开你们华丽的聚会和宴席。"这段话，他可能是直接对乔瓦尼·德·美第奇说教的。洛伦佐也告诫他的儿子不要被罗马这个"罪恶之渊"腐蚀，但他并没有放弃教职带来的收益，否则为什么要进入教会呢？

这种对比让我们意识到美第奇银行发家的一个基本条件：意大利在适用宗教法律方面有一定的宽松性，或者说，存在某种程度的政教分离。总之，金钱与折中主义之间存在着一种亲和力。耶稣说："人不能侍奉两个主人。"但金钱可以服务于任何一个主人，它不尊重原则。无论在君士坦丁堡、罗马还是耶路撒冷，价值被分解成一个个谨慎而中立的单位，酒可以流入任何一个杯子，金子可以流入任何一个库房。明矾商人与土耳其人交易，丝绸制造商乐于向佛罗伦萨的美女们出售挑逗性的服装。理想主义者，无论是基督徒还是穆斯林，共产主义者还是无政府主义者，都必须始终对金钱和银行抱有怀疑态度。但理想主义者不能与思想家混为一谈，恰恰相反，人文主义思想家具有令人钦佩的灵活性，他们不拘一格的文字方式，总能为任何形式的政府找到最适合他们的正当性依据。1471 年，巴托洛梅奥将他的论文《论王子》（"On the Prince"）献给了费德里科·贡萨加（Federico Gonzaga）。1475 年，同一文本以《论公民》（"On the Citizen"）的形式再次出现，献给了洛伦佐。同一时期，弗朗切斯科·帕特里齐（Francesco Patrizi）根据资助人的要求，先后撰写了《论共和国教育》（"On Republican Education"）和《论王国和国王教育》（"On the Kingdom and Education of Kings"），两种制度似乎都是最好的。金钱自有其正确性，只有穷人的民主是不可饶恕的。

萨伏那洛拉宣扬，只有通过贫穷，通过结束神职人员与财富和权力的勾结，才能实现精神复兴，他的教会不会与银行合作。1487 年，这位修道士离开了佛罗伦萨。与此同时，洛伦佐的职业生涯经历了巨大的政治动荡，他又开始写诗了：情诗循环往复，其中不乏对古典神话的费力描写，也有许多对美妙风景的描绘。由于忙于诗歌创作，虽然里昂的新行长洛伦佐·斯皮内利提出了恢复美第奇银行旧有控股结构的建议，但伟大的洛伦佐却置若罔闻。洛伦佐本人现在是银行的主要债务人之一，也是永远不会偿还债务的政治领袖之一。1488 年，佛罗伦萨终于解除了自十年前帕齐暗杀阴谋以来的公共庆典禁令。同年夏天，洛伦佐的妻子克拉丽斯因肺结核去世，这是巧合吗？她去世时，洛伦佐正在温泉疗养，他没有为她写过情诗。不过，为了庆祝阔别十年的狂欢节，他创作了一些新的狂欢节歌曲，以及一些关于青春的动人歌词。诗中引用了巴克斯（Bacchus）和阿里阿德涅（Ariadne）的爱情，提醒佛罗伦萨的年轻人要把握今天：

> 多么美好的青春
>
> 然而多么易逝
>
> 愿有梦想的人享受当下
>
> 明日之事不可知

尽管洛伦佐的关节已经僵硬，但他还是身体力行了自己对年轻人的说教，晚上骑着马去拜访情人巴托洛梅亚·德·纳西（Bartolomea de' Nasi），当时她正离开丈夫，在乡间别墅中独住。吉恰亚尔迪尼写道："多么疯狂，试想一下，一个声名显赫、谨慎小心的男人，在40多岁的年纪，竟然被一个几乎没有美貌，而且年迈的女人迷住了，做那些在每个年轻人看来都是不忠的事情。"

然而，折中主义和纵欲滥交总是容易受到对刻板原则的怀旧情绪的影响，就像富贵阶层总渴望得到一种无法计算的价值一样。才华横溢的皮科·德拉·米兰多拉精通多国语言，热爱神秘主义和卡巴拉，萨伏那洛拉的布道给他留下了深刻印象，他也严格遵守《圣经》中的经文。他告诉洛伦佐，把萨伏那洛拉带回佛罗伦萨吧，他会是一笔宝贵的财富。洛伦佐此时患有严重的痛风病，意识到自己的死期不远了，于是被说服了。他和皮科都不知道，萨伏那洛拉现在正处于一种明显的幻想情绪中，他已经确信自己是他研究已久的《旧约》先知的转世。1490年8月1日，在科西莫重建的圣马可修道院，萨伏那洛拉开始了他关于《启示录》（Apocalypse）的系列布道。

他有三个基本主题：教会需要复兴；在复兴之前，上帝会用某种可怕的灾难惩罚整个意大利；这一切必将很快发生。

除了美第奇统治的终结，这样的预言还能指代什么别的事情呢？1491 年的大斋期，萨伏那洛拉发表了他自己称之为恐怖的布道。尽管正义旗手和教会当局都请求他口下留情，但他还是一再重复他的主题：这场大灾难很快就会发生。他难道看过美第奇银行的资产负债表吗？红衣主教乔瓦尼的花销已经远远超出了他的收入，他从银行借了 7 000 弗罗林。萨塞蒂已经死了，托尔纳布奥尼和斯皮内利已经走投无路。随着贸易的普遍衰退，英国人拒绝出口他们的原羊毛，佛罗伦萨的其他银行几乎全都倒闭了。

当年 4 月，萨伏那洛拉在领主宫向牧师们布道。他谴责洛伦佐的暴政，他谴责政府的腐败。那些被美第奇政权打败的人们蜂拥而至聆听他的教诲。穷人们听得如痴如醉，受哮喘和关节炎的限制，洛伦佐无法说服这位神父妥协，甚至无法亲自与他交谈。折中主义者试图将基要主义者纳入自己人的队伍，纳入自己的艺术家、哲学家和诗人行列；银行家试图资助他，但基要主义者拒绝了。

1491 年 7 月，萨伏那洛拉当选圣马可修道院院长。他的房间位于修道院的另一端，与科西莫的房间遥遥相对。"这里没有漂亮的油画。"他说，"真正的传教士不能奉承王子，只能鞭笞他的恶习。"很明显，这个人是一个与负债累累的英诺森教皇、嗜杀成性的西斯笃四世截然不同的对手。即使是科西莫时代的虔诚大主教安东尼诺，也总是愿意妥协。但萨伏那洛拉宣扬的价值观是金钱无法企及的，他渴望贫穷，甚至死亡。这是一场死斗。

弗拉·巴托洛梅奥（Fra Bartolomeo）描绘的萨伏那洛拉。朴素的线条和鲜明的对比突出了萨伏那洛拉坚定不移的献身精神和拒绝妥协的态度。美第奇家族终于遇到了一个无法收买的人。

　　濒临死亡的洛伦佐开始创作宗教赞美诗。他一如既往地精通形式和内容，熟悉前人的技法，亲切而挑逗。其中一些赞美诗的曲调与狂欢歌曲的曲调相同。与此同时，他继续创作《我的十四行诗评注》（*Commentary on My Sonnets*），在这部长篇中，他重新整理了写给卢克蕾齐娅的旧体情诗，通过散文式的分析，提供了一个关于不幸的爱情和柏拉图式的超越想象的自传。洛伦佐自我意识极强，即使身患绝症，他仍在世人面前表演。

　　1492 年 4 月 5 日，闪电击中了佛罗伦萨主教堂的圆顶。萨伏那洛拉布道说："看哪，上帝的剑迅猛地降临在我们的土地上。"仅三天后，宗教预言和文艺复兴式的戏剧性在完美的临终场景中结合在一起。洛伦佐在弥留之际，亲吻着镶满宝石的银质十字架，呼唤萨伏那洛拉。

　　这是胜利还是失败？从乔瓦尼·迪·比奇与教廷签订第一份合同，到科西莫监工乔瓦尼二十三世陵墓的设计和建造，美第奇银行的历史始终与教会的历史交织在一起。这两家机构相互排斥又相互吸引，在一出又一出的戏剧中走到一起，又分崩离析。流亡在外的科西莫把钱藏在了教堂里；他几乎把所有的赞助都倾注于宗教建筑和虔诚的绘画。他的大管家乔瓦尼·本奇也是如此。"施洗约翰日之前应该还清"，这是银行信函中的一句典型的附注。贷款利息从一个圣殉节累积到下一个圣殉节。账簿上写着"以上帝和利润的名义"。几十年过去了，美第奇在欧洲各地的雇员将银行的钱投入了教堂和礼拜堂。洛伦佐差点在教堂里被谋杀。他被两个神父击伤，与一个教皇争斗，奉承另一个教皇，最终将家族和教会汇聚在了自己儿子身上，而这个儿子却在挥霍家族所剩无几的资源，正如有一天他将毁掉教廷财政一样。

现在，萨伏那洛拉与洛伦佐在死亡之门前相遇了。一方面，洛伦佐已经接受了极致圣恩——临终圣事，因此神父对他永恒的灵魂没有任何约束力。另一方面，他也很难拒绝与一个垂死之人交谈的邀请。萨伏那洛拉说，如果你康复了，就必须改变你的生活。洛伦佐知道自己无法康复，便同意了。萨伏那洛拉给予了他最后的赐福。这是一场对峙，一场僵局，一场无解的对立：金钱与形而上的神学，折中的人文主义与僵化的基要主义。令人惊奇的是，历史竟然为我们提供了这样一场交锋，它所代表的两股力量的冲突将决定欧洲的未来。25 年后，乔瓦尼·德·美第奇对教皇制度的放荡滥用将受到马丁·路德（Martin Luther）叛乱的挑战。银行业将受到深刻影响。新教英国率先将放贷合法化。信奉天主教的意大利经过宗教改革，重新实施了旧日的教律，这些教律照旧滋生了旧日的那些潜规则。

身为皮耶罗·洛伦佐·美第奇有多难？据说洛伦佐说过"我有三个儿子，一个笨，一个聪明，一个可爱"，皮耶罗是笨的那个，乔瓦尼是聪明的那个。如果说洛伦佐的权柄首先依靠的是财富，其次是魅力，那么皮耶罗则两者皆无。钱大部分都败光了，在这些情况下，再好的教育也不过是浪费时间。皮耶罗擅长运动，尤其是早期的足球。但体育名人的时代还没有到来。他继承了洛伦佐多疑的天性，却没有继承他的魅力。然而，吉恰尔迪尼说，继承是如此顺利，"人民和贵族们对美第奇家族的善意是如此之大，以至于皮耶罗哪怕有一丁点的机智和谨慎，他也不可能倒下"。可惜他真的一丁点都没有，他真的倒下去了。

在整个 15 世纪，意大利各城邦都习惯于在内部斗争的某个危急关头，打出一张威胁牌，即召唤外国盟友来打破半岛的平衡。1480年，佛罗伦萨在罗马和那不勒斯围攻的绝境中，曾邀请法国人重新考虑他们对那不勒斯王位的要求。1482 年，在威尼斯进攻费拉拉期间，佛罗伦萨和米兰鼓励土耳其人加强对威尼斯海上领土的进攻。威尼斯的回应是邀请洛林（Lorraine）公爵考虑一下他对那不勒斯王位的主张，奥尔良（Orleans）公爵考虑他对米兰控制权的主张。在1483 年对那不勒斯的一场毫无意义的战争中，教皇英诺森八世再次建议洛林公爵夺取那不勒斯王国。这个危险的把戏一直被使用，似乎没有人真正考虑过，如果外国军队真的开进意大利会发生什么。皮耶罗倒霉地发现了这一点。

皮耶罗无视银行的存在，迅速疏远了佛罗伦萨的贵族家庭，他还激怒了当任的米兰公爵洛多维科·斯福尔扎（Lodovico Sforza），因为皮耶罗似乎更喜欢佛罗伦萨的另一个盟友那不勒斯。很快，斯福尔扎就邀请法国国王将自己加冕为那不勒斯的国王。在巴黎，年轻的查理八世（Charles VIII）刚刚摆脱束手束脚的摄政，开始大权独揽。他想做一些大胆的事情，他也的确做到了。他召集了三万大军，越过阿尔卑斯山，穿过伦巴第，向南进军。

佛罗伦萨与那不勒斯的联盟，是法国国王这次战役的潜在目标。突然间，一支比佛罗伦萨人近几十年来所面对的任何军队都要庞大得多的军队正向佛罗伦萨进发，这支军队的首领是一位外国国王，而不是一个可以被收买的意大利人。随着法国人的逼近，在迫于无奈之下，在佛罗伦萨政界几乎全数反对的情况下，皮耶罗试图重复他父亲十多年前，亲自前往那不勒斯与费兰特国王面对面交涉时的壮举。但这时他只有 22 岁，他还远没有做好准备。这是一个新手拙劣地试图模仿大师杰作的姿态。他甚至重复了父亲同样的把戏，先离开佛罗伦萨，再把一封信送回来，让正义旗手亲启。

如果你交出萨拉扎纳、萨尔扎内罗、皮特拉桑塔以及比萨港和莱霍恩港，我就不洗劫佛罗伦萨：这就是法国国王的条件。他要求得到佛罗伦萨上个世纪的所有成果。出乎所有人意料的是，皮耶罗竟然同意了。正义旗手勃然大怒，拒绝承认这一协议。这是一次关键的决裂，提醒佛罗伦萨的居民，宪法权力并不在美第奇家族手中。领主宫派出萨伏那洛拉与查理八世谈判，讽刺的是萨伏那洛拉实际上非常欢迎法国人的到来。这支外国军队实现了他所有的末日预言。

皮耶罗于 11 月 8 日返回佛罗伦萨。第二天，发生了一件显然是计划外的事件，有人在皮耶罗带着他的武装保镖到达领主宫时，把大门锁上了。几小时后，全城骚动，"人民"和"自由"的呼声此起彼伏。皮耶罗慌忙地骑上马，向城外逃去。美第奇宫被洗劫一空。突然间，丝绸床单、珍贵的雕塑、彩绘的圣物被拖到了街上。百年的精心积聚在几小时内化为乌有。11 月 10 日，就在皮耶罗离开的第二天，共和国宪法中所有美第奇式的创新都被废除了，所有自 1434 年以来被流放的美第奇家族的敌人都被召回；令人憎恨的新银币被废除了，当然，美第奇银行及其所有资产都被没收了。行动如此迅速，肯定有人迫不及待地想看到这个家族的倒下。一个月后，萨伏那洛拉宣布耶稣基督为佛罗伦萨之王，仿佛救世主亲自推翻了银行业务的桌子。

但好景不长。1498 年，萨伏那洛拉被官方教会指控为异端邪说，并被他的大部分教众抛弃，他本人被处以火刑。基要主义在讲坛上是一回事，在政府中又是另一回事。14 年后，美第奇家族终于渗透到了教廷这个曾是他们财富来源的机构的最高层，他们借助梵蒂冈的力量回到了佛罗伦萨，推翻了共和国。1529 年，他们被正式承认为公爵，在那场持久的宗教战争中为反宗教改革效力，而这场战争将使一个模仿旧世界的国家——包括那个亘古难题，即王权神授与教会世俗权力的矛盾——在长达 300 多年的时间里处于窒息状态。

这些 16 世纪和 17 世纪的新美第奇家族，下令建造由税收资助的新的宏伟纪念碑，以树立其合法的光环。老科西莫委托的丰富多义性、金钱和形而上学之间的紧张关系都已经不复存在。在托斯卡纳大公们的世界里，我们看到的是比真人还大的马术雕像、谄媚的官方肖像、想象中的军事荣耀，以及奢华但总是令人叹为观止的矫揉造作。在这种情况下，根本没有必要重开银行。事实上，这个家族曾经坐在罗萨门的桌子后面，抄写可疑交易的条款的场景越快被人们忘记就越好。

书目说明

在佛罗伦萨，没有人天然具有法定的统治权，但 15 世纪的美第奇家族却行使着超越其他人的权力。他们不得不成为卓越的宣传家，将自己塑造成特殊的、有天赋的和值得尊敬的形象。也许这就是关于他们的文献如此之多的原因之一。有的历史学家相信美第奇家族的自我美化的史料，有的历史学家则对美第奇家族的涂抹表示否定并批判，还有些历史学家试图厘清是非，去伪存真。没有什么比持续不断的争论更能引发人们的兴趣了。

大多数现代读者都会通过比较流行的书籍来了解这一主题，如克里斯托弗·希伯特（Christopher Hibbert）的《美第奇家族的兴衰》（*The Rise and Fall of the House of Medici*）或 J.R. 黑尔（J. R. Hale）的《佛罗伦萨与美第奇家族：控制的模式》（*Florence and the Medici: The Pattern of Control*）。希伯特在书中热情洋溢地描述了美第奇家族的神话，它是游客们在参观乌菲齐美术馆阅读的、让人迷上文艺复兴时期佛罗伦萨的那种读物。事实上，在佛罗伦萨的许多博物馆书店里都能找到这本书。它的确非常有趣，但并不总是准确。同样具有很强的可读性的黑尔的作品则较少添油加醋，可信度较高，但他也为自己的清高付出了代价，他的作品不那么广为人知。

越是学术性强的书，越有可能对野史传说不那么友好，其更关注寻找丑陋的真相。劳罗·马丁内斯（Lauro Martines）的《权力与想象：文艺复兴时期意大利的城邦》（*Power and Imagination: City-States in Renaissance Italy*）为美第奇的故事提供了非常好的背景资料，但马丁内斯不允许对主角的特殊辩护，他谴责美第奇家族是佛罗伦萨共和国的毁灭者。并且，他试图在可读性极高的《四月之血》（*April Blood*）中推广这一观点：他在书中认为，总的来说，如果帕齐家族能够在 1478 年在大教堂成功暗杀洛伦佐，那将是一件好事。马丁内斯是一位喜欢不按常理出牌的道德家，但却因此而有趣。

伟大的洛伦佐，往往是一个独立的主题，在这里，目前流行的书籍是塞西莉亚·阿迪（Cecilia Ady）的《美第奇的洛伦佐》（*Lorenzo de' Medici*）和安东尼奥·阿尔托蒙特（Antonio Altomonte）的《伟人》。这两本书都是歌功颂德之作，但值得一读，只要你能保持一点批判的怀疑精神。杰克·朗（Jack Lang）出版的传记《伟人》（*Il Magnifico*）则不那么吸引人，而且不太可信。曾任法国教育部长的朗似乎决意不参考第二次世界大战后美国学者对美第奇家族的大量研究成果，因此，他对洛伦佐统治下美第奇银行的财富所做的很多描述都站不住脚。

现在我们来看看更重要的东西。佛罗伦萨人是坚定的官僚制度的拥趸，这座城市的档案馆里至今仍保存着 15 世纪的纳税申报单、数千份政府会议记录和数以千计的政府官员名单、政府委员会会议、各区各级公职候选人名单，等等。

佛罗伦萨市议会将所有这些档案放到了网上，供公众查阅，但可惜的是，大家看到的只是原件的摹本。即使你熟悉当时的意大利语和拉丁语，手写字迹也或多或少难以辨认，而且这些资料也不是输入一个名字就能搜索到的。当然，要解决这些档案检索的问题，需要几辈子的全身心投入。因此，你不得不去依靠学者们的研究。

尼古拉·鲁宾斯坦（Nicolai Rubenstein）的《美第奇统治下的佛罗伦萨政府》（*The Government of Florence Under the Medici*）一书既是不可或缺的，也是令人愤怒的。鲁宾斯坦汇集了数十年一丝不苟的学术研究，并以令人钦佩的公正态度分析了美第奇家族究竟是如何操纵佛罗伦萨宪法的。遗憾的是，他对该宪法运作的某些关键性解释一直留到了书的最后部分。往往只有当你在第 200 页的脚注中发现了重要信息时，整章内容才开始变得明晰而有意义。这本书只适合认真投入的读者。

雷蒙德·德·鲁佛（Raymond de Roover）的《美第奇银行的兴衰，1397—1494》（*The Rise and Decline of the Medici Bank*，1397—1494）也是如此。在所有关于美第奇家族的书籍中，鲁佛的书记载了最多的非凡史实，但这些史实都隐藏在资产负债表、对会计实务的思考、对贸易模式的探究之中。奇怪的是，这两部巨著之间几乎没有重叠之处，就好像美第奇家族将其政治生活和商业生活截然分开了一样，这一点让人难以置信。

历史学家戴尔·肯特（Dale Kent）通过她精心研究的著作《科西莫·美第奇与佛罗伦萨文艺复兴》（*Cosimo de' Medici and the Florentine Renaissance*）为美第奇的二元性增添了第三个维度。这本书详尽介绍了科西莫可能委托创作的所有艺术品和建筑、他参与其中的性质，以及这一切发生的背景。肯特与其他学者就科西莫意图的本质进行了大量无谓的争论，但这本书绝对引人入胜，前提是读者有大把的时间阅读。

这已经够多了。有几十本相关书籍，数百篇综述文章——关于佛罗伦萨的服饰，关于 15 世纪流放的性质变化，关于服装法，关于贸易帆船的航行。当你继续阅读时，你会意识到许多文章之间相互矛盾，甚至在一些简单的事实问题上也是如此。在这一点上，我的建议是，不要再过于担心"真相"，而是回到当时仍然可用和可读的资料中去。马基雅维利（Machiavelli）的《佛罗伦萨史》（*Florentine Histories*）是一部令人愉快的作品，弗朗切斯科·吉恰尔迪尼的各种历史记载也是如此。这两本书都写于 16 世纪早期。此外，还有洛伦佐·伊·马格尼菲科（Lorenzo il Magnifico）巧妙的诗歌、萨伏那洛拉（Savonarola）庄严的布道、菲奇诺（Ficino）奇异的柏拉图主义思考。思想之网很快就变得厚重起来。你所看到的正是我们现代思想的萌芽。

总之，如果你想了解一个有才华和想象力的学者对所有这些材料的深刻理解，可以参考雅各布·布克哈特（Jakob Burckhardt）的《文艺复兴时期的意大利文明》（*The Civilization of the Renaissance in Italy*）。布克哈特的著作写于 19 世纪 50 年代，今天的历史学家认为这本书已经过时且充满错误。但是，布克哈特的著作涵盖范围之广、才华之高，以及他对一切事物本质进行深刻反思的意愿，令大多数后来者愧不能比。

美第奇家族成员图谱

乔瓦尼·迪·比奇 = 皮卡尔达·德·布埃里
（1360—1429）

科西莫
（1389—1464）
= 康泰西纳·德·巴尔迪
（？—1472）

洛伦佐 = 吉内芙拉·卡瓦尔坎蒂
（1395—1440）

皮耶罗 = 卢克蕾齐娅·托尔纳博尼
（1416—1469）
乔瓦尼 = 吉内芙拉·德利·阿比齐
（1425—1482）

皮耶尔·弗朗切斯科 = 劳达米亚·阿奇奥拉
（1430—1476）

乔瓦尼 = 卡特琳娜·斯托尔扎
（1462—1509）

朱利亚诺
（1453—1478）

康泰西纳 = 皮耶罗·里多尔菲

路易吉亚

卡罗
（非法）

玛利亚 = 利奥佩托·罗西
（非法）

科西米诺

洛伦佐 = 塞米拉米·德·阿皮亚诺
（1463—1503）

伟大的洛伦佐
（1449—1492）
= 克拉丽斯·奥尔西尼
（1450—1488）

比安卡 = 吉列尔莫·德·帕齐

卢克蕾齐娅 = 贝尔纳多·鲁切莱

皮耶罗
（1472—1503）
= 阿方西娜·奥尔西尼
（1472—1519）

乔瓦尼,利奥十世
（1475—1521）

玛德莱娜 = 弗朗切切凯托·西博

朱利亚诺 = 萨瓦的菲利贝尔
公爵
内穆尔
（1479—1515）

卢克蕾齐娅 = 拉科波·萨尔维亚蒂

1348	瘟疫夺走了佛罗伦萨超过三分之一人口的生命
1378	羊毛工人起义
1389	科西莫·美第奇出生
1397	科西莫·美第奇的父亲乔瓦尼·迪·比奇在佛罗伦萨创建了美第奇银行，并在罗马设立了分行
1400	美第奇银行那不勒斯分行开业
1402	美第奇银行威尼斯分行开业，佛罗伦萨美第奇羊毛工厂开业
1406	佛罗伦萨征服比萨
1408	第二家美第奇羊毛工厂在佛罗伦萨开业
1410	乔瓦尼二十三世加冕
1416	皮耶罗·德·美第奇（痛风者）出生
1420	乔瓦尼二十三世逝世，科西莫·美第奇被委托建造他的陵墓；乔瓦尼·迪·比奇退休，将银行交给儿子科西莫管理
1424	米兰军队在扎贡纳拉击溃佛罗伦萨军队
1426	美第奇银行在日内瓦开设分行，后迁至里昂
1427	佛罗伦萨开征直接税
1429	乔瓦尼·迪·比奇逝世；佛罗伦萨与米兰爆发争夺卢卡的

战争

1433 美第奇银行在巴塞尔开设分行；佛罗伦萨美第奇丝绸厂开业，9 月 7 日，科西莫·美第奇被逮捕之后被流放

1434 9 月 29 日，科西莫·美第奇被召回佛罗伦萨

1435 乔瓦尼·本奇成为美第奇控股公司董事

1436 美第奇银行在安科纳开设分行；佛罗伦萨主教堂穹顶完工

1436—1443 科西莫·美第奇出资并主导了圣马可修道院修复工程

1437 佛罗伦萨禁止基督徒从事任何放贷活动

1438 拜占庭教会和罗马教会领导人在佛罗伦萨举行大公会议

1439 美第奇银行布鲁日分行开业

1440 科西莫·美第奇的弟弟洛伦佐去世

1442 美第奇银行在比萨开设分行

1443 美第奇银行关闭安科纳和巴塞尔分行

1446 美第奇银行在阿维尼翁和伦敦开设分行

1449 洛伦佐·美第奇（伟大的洛伦佐）诞生

1450 弗朗切斯科·斯福尔扎在科西莫·美第奇的帮助下征服米兰

1452 美第奇银行在米兰开设分行

1453 君士坦丁堡陷落

1455 美第奇控股公司董事乔瓦尼·本奇去世，美第奇控股公司清盘

1458 佛罗伦萨政府危机导致召集大议会并加强美第奇家族的权力

1464 科西莫·美第奇去世，乔瓦尼·托尔纳布奥尼成为美第奇银行罗马分行行长

1465 托马索·波尔蒂纳里成为美第奇银行布鲁日分行行长；一家美第奇羊毛工厂被关闭

1466 皮耶罗·美第奇召集大议会，再次巩固了美第奇家族对佛罗伦萨的控制；他的儿子洛伦佐·美第奇（伟大的洛伦佐）与教皇保罗二世签订协议，使美第奇银行垄断了明矾贸易

1469 皮耶罗·美第奇去世；他的儿子洛伦佐·美第奇（伟大的洛伦佐）与贵族出身的克拉丽斯·奥尔西尼结婚；弗朗切斯科·萨塞蒂成为美第奇银行唯一的董事

1471 佛罗伦萨军队洗劫沃尔特拉

1472 皮耶罗·德·美第奇（昏庸者）诞生

1476 米兰公爵——美第奇银行的重要客户——加莱亚佐·马里亚·斯福尔扎遇刺身亡

1477 勃艮第公爵——美第奇银行的重要客户——勇猛者查理在战斗中被杀

1478 帕齐家族实施阴谋。洛伦佐·美第奇（伟大的洛伦佐）的弟弟朱利亚诺·德·美第奇被暗杀；洛伦佐·美第奇（伟大的洛伦佐）幸存；罗马与那不勒斯的战争随之爆发；美第奇银行米兰和阿维尼翁分行关闭

1479 12月，洛伦佐·美第奇（伟大的洛伦佐）独自前往那不勒斯，与费兰特国王进行和平谈判

1480 土耳其人突袭意大利东南海岸的奥特朗托，掳走 10 000 人作为奴隶；美第奇银行关闭布鲁日和伦敦分行，以及美第奇丝绸厂

1481 美第奇银行威尼斯分行关闭

1485 美第奇银行里昂分行行长里奥内托·德·罗西被召回佛罗伦萨，并因欺诈性破产被捕

1489 美第奇银行比萨分行关闭，洛伦佐的次子乔瓦尼·迪·洛伦佐·德·美第奇，即后来的教皇利奥十世，13 岁时成为红衣主教

1490 弗朗切斯科·萨塞蒂逝世，萨伏那洛拉在圣马可修道院开始了他关于天启的布道

1492 洛伦佐·美第奇（伟大的洛伦佐）逝世

1494 法国入侵意大利；皮耶罗·美第奇（昏庸者）出逃，美第奇银行倒闭

版 权 声 明